Andreas Modery | Engelbert Kötter

City-Gardening
Erfolgreich gärtnern ohne Garten

av BUCH

(A. Modery)

Vorwort

Neue Gärten braucht die Stadt!

Ein paar Blumentöpfe hat wohl ein jeder auf Balkon und Terrasse herumstehen - aber das hat für City-Gärtner noch keinen „thrill"! Und damit ist es auch schon auf den Punkt gebracht: Irgendwie möchte man gerne auch ohne einen eigenen Garten gärtnern, aber es macht nur Spaß, wenn´s gelingt. Und zwar schnell und einfach. Und nicht nur dem städtischen Single, sondern auch der urbanen Familie.

Mit diesem Buch halten Sie nun so etwas wie ein „Erfolgsversprechen" in den Händen. Denn wir beide - Andreas Modery und Engelbert Kötter - haben Erde an den Fingern und Tiere im Stall. Wir wissen, wie´s geht, wie´s gemacht wird - und wie City-Gärtnern garantiert gelingt. Ganz so, wie Sie es von uns beiden landauf, landab gewohnt sind, geben wir dieses Wissen und Können gerne an Sie weiter!

Wir haben Ihnen in diesem handfest praktischen Ratgeber zusammengestellt, welche Erntemöglichkeiten sich in Ihrem City-Gar-

ten mit seinen Töpfen, Kästen und Kübeln auftun, egal ob auf Balkon, Terrasse oder Dachgarten. Wir haben Ihnen die Basics der Betreuung Ihrer Pflanzen aufgeführt und sagen Ihnen auch, wie Sie in den vielen Zeiten Ihrer Abwesenheit sicher sein können, dass keine Pflanzen und Ernten vergammeln. Natürlich helfen wir Ihnen mit unseren Handreichungen auch, Ihre Pflanzenschätze sicher durch den trockenen Sommer und erst recht durch den frostigen Winter zu bekommen. Allerlei Obst, Kräuter, Blumen und Gemüse: Garten rockt! Legen Sie los! Ihr City-Garten wartet auf Sie ...

Inhalt

Vom Gärtnern ohne Garten

Hilfe zur Selbsthilfe

Zu Beginn des 19. Jahrhunderts wurden Landarbeitern Parzellen zur Verfügung gestellt, um darauf Gemüse und Obst anzubauen und Tiere zu halten. Die heutigen City Gärten schenken den Menschen Erholung und Ausgleich. Das Bedürfnis nach Natur und eigenem Obst und Gemüse ist dabei größer denn je.

Vom Arbeitergarten zum City Garten

Die Situation am Ende des 18. Jahrhunderts und zu Beginn des 19. Jahrhunderts war mehr als nur „bescheiden": Ständig steigende Bevölkerungszahlen, immer weniger Wohnungen, die Löhne reichten nicht mehr zum Leben. Hunger und Armut breiteten sich aus. In den Städten lebten die Menschen in Mietskasernen auf kleinstem Raum zusammen. Nur in den Hinterhöfen drang etwas Tageslicht durch. Dieses wenige Licht wurde genutzt, um Kleintiere wie Hasen und Hühner in Verschlägen zu halten und auf wenigen Quadratmetern Gemüse anzubauen.

Landgraf Carl von Hessen in Kappeln an der Schlei konnte sich dieses Elend nicht länger ansehen. Er beschloss 1804, auf seinem Grund und Boden Landparzellen zur vergeben, damit die Bedürftigen sich eigenes Obst und Gemüse anbauen konnten. So entstanden die Armengärten. Und – typisch deutsch – bald darauf, nämlich 1814, wurde der erste Kleingartenverein in Kappeln gegründet. Im Laufe der Jahre und Jahrzehnte entstanden dank Mäzenen und Sponsoren in einigen Städten dann dauerhaft Kleingartenanlagen, wie zum Beispiel die Eisenbahnergärten, Arbeitergärten und Laubenkolonien des Roten Kreuzes in Berlin.

Der berühmte Schrebergarten

Zuerst gab es eine große Schulwiese; diese wurde zu einem Schulgarten und der schließlich zu Schrebergärten umgewandelt. So lautet in Kurzform die Entstehungsgeschichte des berühmten Schrebergartens. Doch der Reihe nach: Der Leipziger Arzt Daniel Gottlob Moritz Schreber (1808–1861) war entsetzt über die körperliche Entwicklung und die Haltungsschäden vieler Schulkinder. Da helfe nur viel Bewegung und viel frische Luft, war seine Devise. Nach seinem Tod nahm sein Schwiegersohn Ernst Innocenz Hauschild die Idee auf und legte in Leipzig eine große Wiese zum Toben und Spielen für Schulkinder an.

„Schreberplatz" nannte Hauschild die Wiese – zu Ehren seines toten Schwiegervaters. 1868 legte schließlich der Lehrer Heinrich Karl Gesell auf der Wiese mit seinen Schülern den Schulgarten mit einzelnen Parzellen an. Er war der Auffassung, dass die Gartenarbeit gesund sei und die Kinder durch Gartenarbeit die Biologie – insbesondere die Botanik – begreifen würden. Doch er hatte die Rechnung ohne die Kinder gemacht! Bald machte ihnen Hacken, Säen und Gießen keinen Spaß mehr. Die Beete wurden von Unkraut überwuchert und verwilderten. Als „Retter der Gärten" sprangen die Eltern ein und übernahmen die Pflege der kleinen Gärten. So wurden aus dem Spielplatz erst Beete für die Kleinen, dann Gärten für die ganze Familie, und schließlich Kleingartenanlagen. Das Deutsche Kleingärtnermuseum steht in der unter Denkmalschutz stehenden Kleingartenanlage „Dr. Schreber".

Moderner Stadtgarten (www.plus.dk)

Bereits 1870 zählte man in dieser Kolonie über 100 parzellierte Flächen, die Schrebergärten genannt wurden. Laubenkolonisten und Schrebergärtner tun in ihrer Freizeit dasselbe: Gärtnern. Aber der soziale Unterschied zwischen beiden Gruppen war groß. Sicherten die Laubenkolonisten mit dem Anbau von Obst und Gemüse im Garten ihre Existenz, wollten die Schrebergärtner ihre Gesundheit und den Lebensstandard erhöhen.

Zuflucht nach dem Krieg

Während und nach den beiden Weltkriegen erfüllten die Kleingärten eine wichtige Funktion: Sie dienten als zusätzliche Nahrungsquelle. Die Gartenhäuschen und -lauben wurden nach den Zerstörungen des Zweiten Weltkriegs zum Teil sogar als Wohnungen benutzt. In Berlin bezeichnete man die ersten Gärten als Laubenkolonien und ihre Besitzer wurden „Laubenpieper" genannt. Das kam daher, weil nach dem Zweiten Weltkrieg aus Wohnungsnot Lauben, die in manchen Fällen so groß wie kleine Häuser waren, in den Berliner Kleingartenanlagen bewohnbar gemacht wurden. Diese „Schwarzbauten" waren von der Stadtverwaltung nicht nur geduldet, sondern man gestand den Bewohnern sogar ein lebenslanges Wohnrecht zu. 1956 wurde in Berlin dann ein 5 000 Quadratmeter großer Garten mit Kinderbeeten und Lauben angelegt.

Vom Spießergarten zum Familienparadies

Mit dem Wirtschaftswunder verloren die Kleingärten ihre Bedeutung für die Lebenshaltung. Da die Jugend sich in den 60er- und 70er-Jahren nicht für das Gärtnern interessierte, wurden viele Kleingartenanlagen zu reinen „Rentnervereinen" und zudem zum Inbegriff des Spießertums. „Kleingärten stehen in der

Spießerskala auf einer Stufe mit Gartenzwergen, Bausparen, gehäkelten Klorollenbezügen und Wackeldackel auf der Hutablage" - wurde zumindest damals behauptet.

Doch dieser Trend hat sich in den vergangenen Jahren gewandelt. Immer mehr junge Familien wissen das eigene kleine Naturparadies wieder zu schätzen! In manchen Regionen mussten sogar Wartelisten eingeführt werden, um den „Run" auf ein kleines Stück Garten zu bewältigen. Insgesamt, so der Bundesverband Deutscher Gartenfreunde (BDG), nutzen in Deutschland mehr als vier Millionen Menschen die über eine Million Kleingärten.

Guerilla Gardening

Das Amerika der 70er- und 80er-Jahre stand im Zeichen von Konsum für den berühmten „way of life!" Dieser große Konsum bescherte aber auch große Müllberge. „Warum wollen wir die Stadt nicht vom Müll befreien und Gärten anlegen?", fragte sich im Frühjahr 1973 die New Yorker Künstlerin Liz Christy. In einer Nacht-und-Nebel-aktion entrümpelte sie gemeinsam mit ein paar Freunden eine Brachfläche an der Ecke Bowery und

2nd Avenue in Manhattan. Sie organisierten sich Erde und viele Pflanzen (die meisten aus der Wallstreet!) und schufen so ein illegales, blühendes, kleines Paradies. Die erste selbst ernannte Green Guerilla hatte ihren ersten Coup gelandet!

Das Medienecho war enorm! Dies stachelte die Green Guerilla Group zu weiteren Taten an: Schutt und Müll von Brachflächen wurden fortgeschleppt, Gartenerde ausgebracht und die Flächen bepflanzt. Jetzt galt es den Weg aus der Illegalität in die Legalität zu finden. So stellten sie ein halbes Jahr später (Herbst 1973) einen offiziellen Antrag zur Nutzung ihres „Premierengartens" an der Ecke Bowery und 2nd Avenue. Die Stadt willigte ein. Für einen Dollar pro Monat wurde das Grundstück an die „Bowery Houston Community Farm und Garden" verpachtet!

(npdesignde/istockphoto.com)　　　*(A. Modery)*　　　*(tnlocks/istockphoto.com)*

Die Bekanntheit und die Anhängerschaft der Green Guerilla Group wuchsen so schnell, wie die Pflanzen aus ihren „Seedbombs", den Pflanzensamen-Bomben zum Begrünen von Baulücken. Heute – also rund 40 Jahre später – umspannt die sogenannte Guerilla-Gardening-Community den ganzen Globus. Weltweit sind diese Gartenpiraten unterwegs, vernetzt über den Blog des Londoner Aktivisten Richard Reynolds.

Wenn plötzlich Blumen an Orten blühen, die eigentlich zu den Flächen der Stadtverwaltung gehören – Seitenstreifen an Straßen, nackte Rondelle von „einbetonierten" Bäumen –, dann könnte dies das Werk der Stadtpiraten sein. Sie wollen aus nackten Flächen blühende Grünflächen machen, ganz im Sinne ihres „claims": „Guerilla Gardening kommt in allen Farben und Formen! Macht Spaß! Und ist ganz einfach!" Selbst derjenige, der keinen eigenen Garten hat, kann sich an der Begrünung der Städte beteiligen. Die Bewegung ist aber nicht nur als Betätigung des grünen Daumens zu betrachten, sondern auch als politisches Statement.

(Shawn Hempel/fotolia.com)

Vom Gartenpiraten zum moderaten Stadtbegrüner

Doch man muss nicht immer gleich zum Piraten werden, um die Innenstadt zu verschönern. Im Windschatten der Guerilla-Gardening-Begeisterung haben sich auch legalere und vor allem langlebigere Formen der Stadtbegrünung entwickelt. Zum Beispiel in Belleville, 20. Arrondissement im ehemaligen Arbeiterviertel im Nordosten von Paris. In der Rue de Belleville ist mithilfe von Einwohnern und Kindern auf einer ehemals geteerten 150 Quadratmeter großen Fläche ein großer Garten angelegt worden. Sogar alte Badewannen kommen hier als Pflanzkübel zum Einsatz. Das bekannteste Beispiel ist die „Végétalisation participative", die „Begrünung zum Mitmachen", in der Rue Dénoyez – nur wenige Hundert Meter von der Rue Belleville entfernt. Mit Mosaiksteinen verzierte Pflanzkübel, Blumenerde und ein paar winterharte Pflanzen: Mehr braucht der Mensch nicht, um eine kleine Fläche beziehungsweise eine Straße in eine grüne Oase zu verwandeln. Dieses Projekt wird von der Stadt Paris und der Verwaltung des 20. Arrondissements finanziell unterstützt und wurde in anderen Teilen des Viertels neu eingeführt.

Urban Gardening – Landlust 2.0

Kleingarten ist okay – Urban Gardening ist cool. In Kreuzberg oder auf dem Tempelhofer Feld – mitten in Berlin – frönen immer mehr Menschen der Landlust 2.0. Es wächst ein neues Stadtgefühl. Der Ursprung dafür liegt in den „Internationalen Gärten" in Göttingen, die wiederum in Anlehnung an die „Community Gardens" in New York entstan-

den. Der erste Garten wurde 1995 am Kalten Born, in Göttingen-Geismar, ins Leben gerufen. Hier wollen Menschen aus aller Welt gemeinsam gärtnern. Sie wollen miteinander ins Gespräch kommen, voneinander lernen und sich gegenseitig Tipps geben. Natürlich wird auch gemeinsam gefeiert. Das Konzept der Internationalen Gärten wurde schließlich noch weiterentwickelt und modifiziert.

2003 öffneten sich die Tore für die „Interkulturellen Gärten an der Wuhle" in Köpenick. Auf 4000 Quadratmetern entstanden 18 Parzellen, in denen Flüchtlings-, Migranten- und deutsche Familien zum Gärtnern zusammenkommen, um Völkerverständigung und wechselseitige Integration wachsen zu lassen. Im Rahmen der Agenda 21 wurde die Fläche vom Bezirk pachtfrei zur Verfügung gestellt und die Einrichtung des Gartens sogar durch ABM-Stellen unterstützt. Das Ziel: Menschen in ihrer neuen Heimat so zu verwurzeln, wie es uns die Pflanzen vormachen!

Durch den Anbau in alten Lebensmittelkisten wächst das Gemüse nicht in kontaminierter Großstadterde, sondern in torffreier Bioerde. Das Besondere: Der Garten bleibt somit mobil, denn sollte der Pachtvertrag einmal nicht verlängert werden, kann der Garten umziehen! Was die Amateurgärtner über den Eigenbedarf hinaus ernten, wird verkauft – genauso wie Jungpflanzen. Im Laufe der Zeit wurden die Interkulturellen Gärten Wuhle um ein Gartencafé und Restaurant bereichert. In der Küche werden hier neben eigenen Ernteprodukten auch Lebensmittel von kleinen Biobetrieben aus Berlin oder aus der Nähe verarbeitet. Zudem finden Workshops über alte Obst- und Gemüsesorten, Wurmkompost, Stadtbienen, Einmachen, saisonales Kochen, Recycling & Selbermachen und vieles mehr statt. Über all das kann man sich informieren oder gleich selbst die Schaufel, den Kochlöffel oder den Akkuschrauber in die Hand nehmen. Diese Verbindung von Sozialem mit dem Ökologischen sehen die Macher als zentrales Motiv der neuen Gartenbewegung in den Städten an.

Kinder haben große Freude am Gärtnern.
(Maygutyak/fotolia.com)

Das Frisch-Luft-Zimmer

Balkon und Dachterrasse, das sind besondere Orte: Sie liegen zwischen Indoor und Outdoor! Für manche auch zwischen Diskretion und Voyeurismus und zwischen Natur und Kultur. Balkon und Terrasse gibt es außerdem noch gar nicht so lang, denn in den Städten war die Geruchsbelästigung früher so enorm, dass jeder froh war, wenn er sich ins Haus zurückziehen konnte. Erst im beginnenden 19. Jahrhundert wurden diese Erholungsräume so richtig entdeckt und begrünt. Der Siegeszug der bepflanzten Balkone begann. Vor allem nach der Reichsgründung 1871 entstanden mit zunehmender Verstädterung viele neue großbürgerliche Mietshäuser mit Balkonen, nur bei den sogenannten Mietskasernen gab es diesen Luxus nicht. Die Balkone traten an die Stelle des eigenen Gartens, verkörperten ein kleines Stück Natur in der Stadt. Schnell entdeckte man die Vorzüge des Open-Air-Zimmers mit Ausblick: Sehen, was sich „draußen" abspielt, ohne gesehen zu werden.

Balkonluft statt Hinterhoftristesse

Erst zu Beginn des 20. Jahrhunderts wurde der Hinterhoftristesse der Garaus gemacht, als die ersten Architekten zur Auflockerung der tristen Arbeitersiedlungsfassaden Balkone standardmäßig in ihre Planungen aufnahmen. Der Freisitz war und ist noch heute gesundheitsfördernd und erfüllt auch eine soziale Funktion. Die ganze Familie nutzte ihn zum Erholen, Wäschetrocknen und Spielen. Die Möglichkeit, Sonne und Luft auf einigen Quadratmetern ungestört zu genießen, wurde auch damals schon als Luxus wahrgenommen. Zudem hatte man auf „Balkonien" auch Kontakt zum direkten Nachbarn – ein erster Schritt auf dem Weg zu mehr nachbarschaftlicher Gemeinschaft.

City Gardening:
Das grüne Wohnzimmer im Freien

Heutzutage stehen Balkon und Dachgarten für „das grüne Wohnzimmer" im Freien. Hier kann man zur Ruhe kommen. Der üppig blühende und nach eigenen Vorstellungen geschaffene Balkongarten oder Dachgarten stellt außerdem vom Frühjahr bis zum Spätherbst eine Erweiterung des Lebensraums

dar. Im grünen Wohnzimmer können wir die Natur erleben, das Wachsen und Blühen von Pflanzen aus der Nähe beobachten, Schmetterlingen zuschauen oder einfach mal nichts tun und nur das Leben genießen. Wir können diesen wunderbaren Lebensraum außerdem dazu nutzen, um eigenes Obst und Gemüse anzubauen, ja sogar um Tiere zu halten.

Das Feeling für das „Grün" boomt – nicht nur die Fülle an Gartenzeitschriften und der rege Zulauf der Gartencenter und -märkte sind ein Hinweis darauf, dass wir alle es gern grün mögen. Die Statistiken bestätigen es: Bundesweit verfügen mehr als 60 Prozent der Haushalte über einen Garten und fast alle Wohnungen haben einen Balkon! Relaxen zu Hause, sich vom stressigen Alltag abgrenzen, das ist zu Beginn des neuen Jahrtausends in Mode und ist mit dem englischen Wort „Cocooning" (Einhüllen) bestens umschrieben. Dass der Einsatz des grünen Daumens wirklich „in" ist, schlägt sich auch in den Zahlen der grünen Branche nieder. Rund 18 Milliarden Euro werden jährlich für das Gärtnern ausgegeben. Tendenz steigend.

(Deutscher Dachgärtner Verband)   *(www.elho.com)*   *(www.plus.dk)*

Für jede und jeden das Richtige

Beim Gärtnern ist Individualität auf dem Vormarsch

Gemüse, Obst, Kräuter, Blumen – auf jeder Terrasse, jedem Balkon, jedem Fensterbrett gibt es ein Plätzchen zum Säen, Pflanzen, Ernten. Die Freude über die eigenen Kräuter für den selbst gezogenen Salat ist enorm und fördert das Wohlbefinden genauso wie die Versorgung mit gesunden Vitaminen.

Ein bisschen was geht immer!

Eines steht fest: Auf der rund 20 Zentimeter breiten Fensterbank kann der grüne Daumen nur begrenzt zur Wirkung kommen. Aber sie bietet genügend Platz für Kräuter, Sprossen und ist der geeignete Platz zur Anzucht von Pflanzen!

Kräuter to Go!

In puncto Aromalieferanten wird besonders gerne zu den sogenannten Convenience-Produkten gegriffen, also zu den Kräutern im Topf! Ob klassisch, mediterran oder asiatisch, die Liste der angeboten Kräuter im Topf ist enorm (siehe S. 99). Der Vorteil dieser Kräuter: Sie sind schnell verfügbar und brauchen wenig Platz. Sind die Pflanzen aber erst mal abgeerntet, müssen sie meist durch neue ersetzt werden. Anders als auf der Terrasse oder im Garten haben sie in ihren kleineren Töpfen wenig Platz, um zu wachsen. Substrat und Nährstoffe sind hier schnell aufgebraucht. Kräuter in der Küche sollten immer ausreichend gegossen werden, da sie schneller austrocknen. Am besten stellt man sie an ein Fenster in Ost- oder Westlage.

Passende Töpfe und Schalen, am besten mit einem Abzugloch für überschüssiges Gießwasser, machen aus den grünen Pflanzen eine dekorative Kulisse. Gefäße, wie Tassen und Übertöpfe werden mit Kräutermotiven angeboten, die bereits den jeweiligen Pflanzennamen tragen.

Bei Kräutern auf der Fensterbank sollte die Erde nicht austrocknen, die Töpfe dürfen aber auch nicht im Wasser stehen. Thymian, Basilikum, Salbei und andere mediterrane Kräuter mögen einen sonnigen Platz auf der Fensterbank. Heimische Kräuter, wie Schnittlauch, Petersilie und Zitronenmelisse, stehen ebenso gut halbschattig.

Gesunde Leckereien: Sprossenzucht

Drei Dinge braucht der Freund der guten Ernährung: Keimbox, Samen und Wasser und natürlich junge Keimlinge, die sich schnell aus Samen heranziehen lassen. Sie haben einen hohen Gehalt an wichtigen Vitaminen, Mineral- und Ballaststoffen. Außerdem sind sie energiearm und enthalten mehrfach ungesättigte Fettsäuren. Verwendet werden die Samen verschiedener Getreidesorten und Hülsenfrüchte wie Weizen, Soja- oder Mungobohnen, aber auch z. B. Kresse, Rettich, Radieschen, Brokkoli und mehr.

Grundregeln zur Sprossenzucht
1. Halten Sie die Sprossen feucht, aber nicht nass.
2. Achten Sie auf eine möglichst gleichmäßige Temperatur um 21 °C.
3. Spülen Sie die Sprossen regelmäßig, mindestens zweimal täglich, möglichst immer zur gleichen Zeit.
4. Lassen Sie den Sprossen hinreichend Ausdehnungsraum zum Atmen und Wachsen.

Vertikales Gärtnern ist mit platzsparenden Pflanztaschen kein Problem. (www.britishgarden.at)

5. Stellen Sie die Sprossen, die Blättchen entwickelt haben, in indirektes Licht. Erst zwei bis drei Stunden vor der Zubereitung sollten sie in helles Licht kommen, damit die Chlorophyllbildung zunimmt.

Poleposition für Pflanzenanzucht

Die Anzucht von Pflanzen auf der Fensterbank ist kostengünstig und leicht zu bewerkstelligen. Schon binnen weniger Wochen können Sie z. B. damit beginnen, Ihre Lieblingstomaten oder Blumen auszusäen – einen geschützten, hellen Platz vorausgesetzt. Das macht nicht nur Spaß, Sie sparen auch einiges an Geld und Zeit. Ab Mitte Februar können Sie beginnen, Sommerblumen und Gemüse auf einer frostsicheren und hellen Fensterbank vorzuziehen. So haben Sie rechtzeitig zum Beginn der Pflanzsaison vorgetriebene Jungpflanzen mit einem deutlichen Entwicklungsvorsprung.

Balkon: Obst, Gemüse oder Blumen – was darf es sein?

Der Wunsch, auf Balkon und Dachgarten gleichzeitig Blumen, Obst, Gemüse und Kräuter anzupflanzen, ist nicht neu. Schon in Klostergärten sorgten Nonnen und Mönche dafür, dass Zier- und Nutzpflanzen in einem Beet heranwuchsen. Diese bunte Mischung war nicht nur schön, sondern auch praktisch, denn viele Pflanzen ergänzen sich in ihren Eigenschaften und begünstigen das Wachstum der Nachbarpflanzen. In der Mischkultur wird das bestens ausgenutzt.

Das Wissen von damals lässt sich heute auch für unseren Balkon und Dachgarten nutzen. Neben den bunten Blütenfarben und -formen aus der großen Vielfalt an Beet- und Balkonpflanzen lassen sich zum Beispiel auch

Kräuter mit ihren attraktiven Blüten, ihrem unnachahmlichen Duft und strukturgebenden Blättern sehr gut kombinieren. Blätter und Blüten sorgen so schnell einmal für ein leckeres Gericht.

Nur die Mischung macht's

Kreativität und Experimentierfreude sind angesagt, wenn es zum Bepflanzen des Balkons geht. Der knappe Platz will voll ausgeschöpft sein, deshalb werden alle Ebenen – Boden, Balkonbrüstung und -gitter, Fallrohr, Wand und Decke – genutzt. Es kommen neben den Balkonkästen und Kübeln auch Rankgitter, Spaliere, Hanging Baskets, Pflanztaschen und noch viel mehr zum Einsatz. Optisch wird der Freisitz durch schmackhaftes Obst und Gemüse, aber auch durch Kräuter und Blütenpflanzen „aufgehübscht". Deshalb gilt das Motto: Nur die Mischung macht´s! Fantastische „Blüher", wie Artischocken, Feuerbohnen, Pepino, können mit vielfarbigen Blattgemüsen, z. B. Pflücksalat, Mangold, Asiasalat und duftenden, aromatischen Kräutern, wie Rosmarin, Petersilie, Minze, gemischt und mit essbaren Blüten, zum Beispiel von der Kapuzinerkresse, ergänzt werden.

Die Pflanzen sollten je nach ihrem Wuchscharakter in verschiedenen Ebenen angeord-

Mein Tipp

Bei der Bepflanzung von Balkonkästen kann je nach Pflanzenauswahl etwa eine Pflanze je 20 Zentimeter Kastenlänge gesetzt werden. Bei kleinwüchsigem Gemüse wie Rucola, Schnittsalat, Feldsalat kann die Zahl erhöht werden. In Container kommen je nach Gefäßgröße eine Leitpflanze und zwei bis drei Füllpflanzen im unteren Bereich.

net werden: Aufrecht und hoch wachsende Gemüse bilden die Leitpflanzen. Sie kommen in den hinteren Bereich. Mittlere, niedrige oder hängende Arten kommen in den vorderen Bereich.

Bunte Blüten mit leckerem Nebeneffekt

Staunen und Naschen – das alles bieten Balkon und Dachterrasse! Kräuter, Gemüse und Obst im Eigenanbau sorgen für schmackhafte Nahrung, da sie stets vollreif gepflückt werden können. Statt langer Transportwege ist die Ernte daheim über den Sommer immer wieder frisch und sehr vitaminreich. Zwar wird auf kleinstem Raum die Ernte nicht den Wocheneinkauf ersetzen, aber man kann je nach Vorliebe Tomaten und Paprika für einen Salat oder ein paar frische Kräuter zum Würzen und sogar Beeren zum Dessert anpflanzen.

(www.britishgarden.at)

(www.haeberli-beeren.ch)

(Esteras by EMSA)

Mehr noch als bei Beet- und Balkonpflanzen und Sommerstauden sollte die Auswahl von Naschobst, Naschgemüse und Kräutern von den eigenen Vorlieben bestimmt sein. Von der Hand direkt in den Mund lassen sich verschiedene Tomatensorten ernten, aber auch Obst wie Erdbeeren, Himbeeren oder Äpfel wachsen auf Balkon und Terrasse einträchtig neben den Sommerblühern.

Zu den Vorteilen einer Kombipflanzung gehört die vitaminreiche Ernte, denn die Früchte und das Gemüse können genau passend erst bei voller Reife gepflückt werden und kommen so ganz frisch auf den Tisch, ohne langen Transportweg.

Naschpflanzen sind auch hinsichtlich ihrer Blüten keineswegs Langweiler. Bei den Kräutern bilden Thymian, Salbei und Rosmarin attraktive Blüten. Ebenso gefallen Zucchini und Kürbis mit ihren großen, leuchtend gelben oder orangfarbenen Blüten, und Artischocken bieten sogar leuchtend violette, körbchenförmige Blüten aus. Schmackhaft sind hier allerdings einzig die Blütenböden.

Hanging Baskets stammen aus England und können durch die Kokosmatte rundum bepflanzt werden. (www.bellissa.de)

Der Gourmet lässt grüßen: Schmackhafte Kombinationen im Balkonkasten

Die Auswahl an Kräutern (siehe S. 99), Naschobst (siehe S. 69) und Minigemüse (siehe S. 57) ist derzeit riesig. Wer klassische deutsche Küche mag, der freut sich garantiert über eine Kräuterzusammenstellung aus Schnittlauch, Petersilie und Kerbel mit herrlichen Schnitt- und Pflücksalaten. Wer mehr Farbe möchte, kann die Kräuter mit essbaren Blüten wie Kapuzinerkresse und Ringelblumen auflockern. Eine italienische Variante besteht aus typischen mediterranen Kräutern, wie Rosmarin, Thymian und Oregano. Sie brauchen wenig Wasser und vertragen auch pralle Sonne, etwa auf dem Terrassentisch. Als Mittelpunkt eines solchen Arrangements bieten sich vorgezogene Tomatenpflanzen an. In den Gärtnereien sind kompakte Sorten erhältlich, an denen bereits Früchte reifen. Sie wachsen im Topf weiter und Tomaten dürfen direkt vom Strauch genascht werden. Liebhaber mexikanischer Küche freuen sich garantiert über feurige Chilis. Die Pflanzen tragen viele Früchte, die durch ihr Farbspiel von Hellgrün nach Rot zudem noch äußerst dekorativ sind. Idealer Partner dazu ist Korianderkraut, das ebenfalls in vielen mexikanischen Gerichten Verwendung findet.

Eine „Punktlandung" für die Cocktailparty ist ein Geschenk aus Zitronenmelisse und Minze im Topf. Während Zitronenmelisse hauptsächlich als Dekoration für die Getränke verwendet wird, gibt Minze dem Mojito-Cocktail seinen frischen Geschmack. Beide Kräuter sind pflegeleicht und überwintern sogar im Balkonkasten. Dazu passend bietet der gut sortierte Fachhandel Zitronen- und Limettenbäumchen an, deren reife Früchte gleich mit im Glas landen dürfen.

Fehlt's in der Waagrechten, dann nimm die Senkrechte!

Immer an der Wand entlang und in die Luft gehen – dafür stehen vertikales Gärtnern und die sogenannten Hanging Baskets. Locken Sie Gemüse und Obst einfach in die luftige Höh', zum Beispiel Busch- und Feuerbohnen. Sie lassen sich dank des dichten Laubs auch als Kletterpflanzen verwenden und ranken aus dem Pflanzkübel an Balkongittern oder Spalieren empor. Zu ihren Füßen sorgt vielleicht Kapuzinerkresse für Bodendeckung. Ihre Blüten schmecken herrlich, fein nussig!

Hanging Baskets, die Hängenden Körbe, sind eine englische Erfindung. Im Gegensatz zu unseren Ampelpflanzen werden die Gitterkörbe aus Metall oder Kunststoff rundherum bepflanzt. Es entsteht eine blühende, stetig wachsende Pflanzenkugel. Zu den Luftakrobaten in den Baskets gehört etwa der Mangold (siehe S. 65) mit seinen bunten Blattstielen und Blättern. In der Kugel fühlt sich auch die Monatserdbeere wohl, die an langen Ranken zuckersüße, aromatische Früchte ausbildet.

Mein Tipp

Versuchen Sie eine Kombination aus Blumen und Gemüse, das ist besonders attraktiv. Zum Beispiel passt Zauberschnee 'Diamond Frost' (Chamaesyce hypericifolia) mit seinen reinweißen, flirrenden Blüten bestens zur Süßkartoffel (Ipomoea batatas) mit ihren eleganten frisch-grünen oder dunkel-violetten Blättern und ihren wunderbar schmeckenden Knollen.

Geranien sind out – Salat ist in!

Die Vormachtstellung der Geranien in den Balkonkästen ist endgültig gebrochen. Minigemüse und Salat schieben sich immer weiter in den Vordergrund! Salat auf Balkon oder Terrasse kann problemlos mit gelb- oder orangefarbenen Studentenblumen (*Tagetes*) oder Ringelblumen (*Calendula officinalis*) kombiniert werden.

Wer es exotisch mag, setzt Feige, Banane, Palmen, Ingwer oder Hibiskus in Szene. Auch die mediterrane Terrasse lässt keine Wünsche offen. Neben Kräutern wie Thymian, Salbei oder Oregano erhält sie mit Oleander, Granatapfel und Olivenbaum das gewünschte Flair. Auch Farbthemen lassen sich durchaus umsetzen. Wie wäre es mit einer Bepflanzung ganz in Gelb mit Margeriten, Sonnenhut (*Rudbeckia*) oder Mädchenauge (*Coreopsis*), gelben Tomaten und Paprika? Naschgemüse wird einjährig kultiviert und muss nicht überwintert werden. In den Sommermonaten sollte ausreichend gegossen und regelmäßig gedüngt werden, damit die Ernte reich ausfällt. Kräuter zählen dagegen zum Teil zu den Schwachzehrern, die es eher magerer, also nährstoffärmer und trockener mögen. Sie sind zudem mitunter mehrjährig und können dann in ihren Töpfen draußen stehen, wenn sie entsprechend geschützt werden.

Farbe im Kübel und Kasten

Auch beim Gemüse gibt es besondere Hingucker, wie beispielsweise den buntstieligen Mangold. Er lässt sich gekonnt mit gelben- oder

Ein Kamm ist nützlich für die Heidelbeerernte. (Silvano Rebai/fotolia.com)

orangefarbenen Sommerblühern kombinieren. So wirkt rotstieliger Mangold mit blauem Ziersalbei und gelber Rudbeckie einfach perfekt. Kürbis mit seinen großen Blättern wird mit kleinblütigen Studentenblumen zum optischen Genuss und ausgefallene Salatsorten, wie Lollo Rosso oder Eichblattsalat harmonieren mit buntblättrigen Kräutern. Ein Paprikahochstämmchen lässt sich durchaus mit kleinblütigen, unermüdlich blühenden Sanvitalia zusammenpflanzen. Auch Pflanzen mit essbaren Blüten, wie Kapuzinerkresse, Hornveilchen, Gänseblümchen oder Ananassalbei, sind dekorative Partner.

Gemüsepflanzen sind oft Tiefwurzler, sodass genügend Platz in Kästen und Kübel vorhanden sein muss. Ebenso wie die Beet- und Balkonpflanzen benötigt Gemüse den Sommer über ausreichend Wasser und Dünger – wie übrigens auch die ansonsten weitgehend pflegeleichten Kräuter

Zierpflanzen bilden mit bestimmten Gemüsepflanzen eine harmonische Nachbarschaft, fördern sie doch ihr Wachstum oder dämmen Krankheiten ein. So sind Rosen weniger anfällig für Rostpilze, wenn sie Schnittlauch als Partner haben. Ringelblumen halten Schädlinge von Salatköpfen ab und neben Basilikum werden Tomaten weniger von Mehltau befallen.

Viele Blüten von Kräutern blühen übrigens nicht nur unermüdlich den ganzen Sommer über, sie sind auch essbar. Besonders dekorativ sind Kapuzinerkresse, Salbei, Borretsch, Lavendel, Fenchel und Ringelblume. Sie machen nicht nur in Töpfen und Kästen eine gute Figur, sondern lassen sich mitunter auch für Salben, Essige und Öle und zum direkten Verzehr ernten.

Wer das Flair vom Mittelmeer liebt, kann Hibiskus, Granatapfel oder Bougainvillea mit Zitruspflanzen, Zitronen-Thymian und Oregano kombinieren.

Mit Hochbeeten zu arbeiten hat jede Menge Vorteile. (www.bellaflora.at)

Dachterrasse – das perfekte Sommerzimmer

Die Gestaltung der Dachterrasse hat ihre eigenen Regeln und unterscheidet sich von der Balkongestaltung. Natürlich sind ihren eigenen Ideen keine Grenzen gesetzt, doch nachfolgend möchten wir Ihnen einige Möglichkeiten vorstellen, wie Sie Ihre Dachterrasse gestalten und mit Pflanzen und Sichtschutz ausstatten können.

Neben den bereits erwähnten Töpfen, Balkonkästen, Kübeln und Pflanzkästen können hoch über den Dächern auch Holzbottiche eingesetzt werden, zum Beispiel als Seerosenteich, und ein dünner Grasteppich auf dem Dachgartenboden schafft eine wirklich naturnahe Atmosphäre. Auch Hochbeettische und Hochbeete spielen auf dem Dachgarten eine besondere Rolle.

Die Sache mit dem Vermieter

Eines steht fest: Eine wesentliche Rolle bei allen größeren Maßnahmen auf Balkon und Dachterrasse spielt auch der Vermieter. Er muss zum Beispiel beim Grasteppich oder bei dem Bau eines Hochbeets gefragt werden. Solche größeren Veränderungen können als „bauliche Maßnahmen" betrachtet werden, und da sollte ein Einverständnis unbedingt eingeholt werden. Der Vermieter wird sicher wissen wollen, wie schwer die baulichen Maßnahmen sind. Dazu müssen Sie wissen, mit wie viel Kilogramm pro Quadratmeter der Dachgarten belastet werden kann. Auf dem Markt werden seit kurzer Zeit auch kleine Hochbeete in der Größe 130 x 60 x 40 Zentimeter aus Recycling-Kunststoff angeboten. Die sollten auf keinen Fall Probleme

Gewächshäuser wie Patioflora bieten den Pflanzen Schutz, sind schnell aufgestellt und lassen sich einfach wieder verstauen. (www.biogreen.de)

bei der Genehmigung bereiten. Eine weitere wichtige Überlegung vor der Anlage eines Gartens in luftiger Höhe ist die Sache mit dem Regenwasser. Nach Regenfällen oder intensivem Gießen muss das überschüssige Wasser abfließen können. Leider wird dabei aber oft auch das Erdreich mit ausgeschwemmt. Ein Drainageboden kann hier Abhilfe schaffen.

Squarefoot Gardening – die amerikanische Erfindung

Sein Name: Mel Bartholomew, seine Heimat: Long Island, sein Beruf: Rentner und erfolgreicher Erfinder des „Quadratischen Gärtnerns". Er teilte ein Minibeet in Quadrate auf und setzte in jedes Quadrat nur so viel Samen einer Gemüsesorte ein, dass jede Pflanze (ihren) „gewünschten" Abstand zum Nachbarn bekommt. Die Idee hat Schule gemacht und erfreut sich mittlerweile großer Beliebtheit. Und außerdem ist diese Methode ideal für das „Gärtnern ohne Garten" geeignet.
Ein Beispiel: Ein Minibeet (90 x 90 Zentimeter) wird in ein Gittermaß von 3 x 3 eingeteilt. Daraus ergibt sich eine Flächeneinheit von ca. 30 x 30 Zentimeter pro Quadrat. Je nach Platzbedürfnis der jeweiligen Gemüseart ist die Anzahl der Pflanzen pro Quadrat festgelegt, sodass die Beete optimal genutzt werden können. In puncto Platzanspruch werden die Gemüsesorten in vier Kategorien eingeteilt: Small – Medium – Large – X-Large.
Small: Abstand zwischen den Pflanzen beträgt 8 Zentimeter, also können 16 Pflanzen pro Quadrat wachsen. Hier eignen sich zum Beispiel Karotten, Radieschen, Lauchzwiebeln.
Medium: Abstand zwischen den Pflanzen beträgt 10 Zentimeter, also können 9 Pflanzen pro Quadrat wachsen. Hier eignen sich z. B. Rote Beete, Buschbohnen, Spinat.

Large: Abstand zwischen den Pflanzen beträgt 15 Zentimeter, also können 4 Pflanzen pro Quadrat wachsen. Hier eignen sich zum Beispiel Mangold, Salat.

X-Large: Abstand zwischen den Pflanzen beträgt 30 Zentimeter, also kann 1 Pflanze pro Quadrat wachsen. Hier eignen sich zum Beispiel Tomate, Paprika, Blumen.

Der Vorteil des Quadratgartens liegt auf der Hand: Es können bei der Größe 90 x 90 Zentimeter neun verschiedene Pflanzenarten wachsen und gedeihen. Das Beet kann von jeder Seite aus bequem bearbeitet werden und man erntet auf kleinstem Platz die größtmögliche Menge an Gemüse (siehe S. 57).

Modery's Gemüsekiste 90 cm x 90 cm		
	Norden	
1 Tomate	9 Bohnen	1 Paprika
16 Möhren	4 Mangold	16 Radieschen
9 Rote Beete	1 Zucchini	9 Lauchzwiebeln
	Süden	

Endlich viel Obst!

Selbst auf der kleinsten Dachterrasse ist Platz genug für heimisches Obst. Im Miniformat machen die Pflanzen nicht nur eine gute Figur, die Früchte laden im Sommer auch dazu ein, direkt von der Hand in den Mund zu wandern. Frisch und aromatisch. Die Palette der Mini-Formate ist groß und reicht von Obstgehölzen, wie Äpfeln und Birnen, bis zu Beerenfrüchten, wie Erdbeeren, Himbeeren oder Stachelbeeren (siehe S. 90).

Miniteich für die Terrasse

Mit Zinkwanne oder Holzbottich lässt sich schnell ein schöner Miniteich für die Terrasse gestalten. Wer sich unsicher ist, ob das Gefäß auch wirklich wasserdicht ist, sollte den Behälter vorsorglich mit Teichfolie auslegen. Wichtig: Achten Sie auf die Farbwahl des Gefäßes! Dunkle Behälter heizen sich schneller als helle auf, kleine Wassermengen erwärmen sich schneller als große. Wählen Sie deshalb einen halbschattigen bis schattigen Standort aus. Das Gefäß sollte mindestens 50 Zentimeter tief sein. Kontrollieren Sie im Sommer jeden Tag den Wasserstand, denn die Verdunstung ist enorm!

(www.biogreen.de)

(www.biogreen.de)

(www.biogreen.de)

(savoieleysse/fotolia.com)

Gärtnern
für
Kinder

**Wie Kinder
den Spaß am
Garten lernen**

Viele Kinder wissen nicht, wie eine Erdbeerstaude oder ein Kirschbaum aussieht und wie sehr Bienen und Schmetterlinge auf bunte Blumen fliegen. Mit einem eigenen kleinen Gemüsekasten, ein paar selbst gezogenen Kräuterpflanzen in Töpfen und einem Hanging Basket, bepflanzt mit Erdbeeren, lernen sie die Natur schätzen und lieben.

Am Anfang steht der Ausflug

Wie bei allen Dingen im Leben müssen auch die Freude und der Spaß am Gärtnern – gerade bei den Kindern – zunächst einmal geweckt werden. Das funktioniert mithilfe der fantastischen Welt der Pflanzen! Machen Sie mit den Kindern einen Ausflug zu einer Gärtnerei oder zu einem Gartencenter. Diesmal nicht zum Einkaufen, sondern nur zum „Staunen". Das gigantische Blütenmeer, die herrlichen Düfte – diese neue natürliche Welt zu erleben ist für viele Kinder zu einem Schlüsselerlebnis geworden. Die Kids können Pflanzen nicht nur sehen und riechen, sondern auch anfassen und manchmal sogar schmecken! Spätestens wenn es heißt: „Will ich haben", und die Wahl auf eine Pflanze fällt, dann wissen Sie: Der grüne Daumen beginnt zu wachsen. Nun heißt es, ihn zu hegen und zu pflegen, damit er die Kinder ein Leben lang begleitet.

Das Wohlfühlgefühl der Kleinen

Freude und Spaß beim Gärtnern haben Kinder nur dann, wenn sie sich geborgen und wohlfühlen. Dieses Wohlgefühl tritt allerdings nur auf, wenn sie auch „frei sein dürfen" in ihrem Tun. Dabei ist es völlig egal, wie viel Platz Kinder zum Gärtnern bekommen, sie müssen nur die Freiheit haben, Dinge zu tun, die gerade in diesem Moment Spaß machen: Die feuchte Erde durch die kleinen Finger quetschen, mit dem Wasser in der Gießkanne herumplätschern, schnell eine Erdbeere naschen. Kurzum: Sie müssen sich unbeobachtet fühlen. Für uns „Große" heißt es, sich mal zurückzunehmen und die Dinge – solange sie nicht gefährlich sind – einfach laufen zu lassen. Kinder werden nicht von einer Sekunde auf die andere zu den großen Gärtnergurus, die jeden Tag Lust auf Gartenarbeit haben, aber wenn es spannend wird, sind sie sofort dabei.

Die Zauberpflanze: Kresse

Kleinkinder lieben es, etwas – ruck, zuck – wachsen zu sehen. Deshalb spielt die Kresse eine besonders wichtige Rolle: Bereits nach einigen Tagen beginnt die Saat zu keimen, nach einer Woche können die Kinder schon die ersten Kressesprossen sehen und genießen.

Und so wird's gemacht: Suppenteller oder Blumentopfuntersetzer mit Haushaltswatte oder Küchenpapier auslegen. Ordentlich begießen, bis die Watte gut durchfeuchtet ist, Kressesamen darauf aussäen und mit einer Klarsichtfolie abdecken. Sobald die ersten Keimblättchen zu sehen sind, wird die Folie entfernt. Jetzt braucht die Kresse einen sonnigen Standort. Nach fünf bis acht Tagen kann sie „geerntet" und gegessen werden.

Die nussigen kleinen Triebe schmecken auf Butterbrot, im Kräuterquark und zu einem gekochten Ei.

Endlich geht es los!

Sobald die Temperaturen es erlauben, geht es endlich wieder raus. Mit Handwerkszeug und vielen Ideen ziehen die Kinder los. Der Umgang mit Pflanzen zeigt ihnen die Wunder und die Zusammenhänge, die sich in der Natur abspielen – ohne den lehrenden Zeigefinger der „Großen". Sie sehen selbst, was passiert, wenn Pflanzen kein Wasser bekommen oder sich nach der Sonne ausrichten. Das „Ich selber machen" ist für uns die schönste Bestätigung, dass wir auf dem richtigen Weg sind.

Kresse kann man beim Wachsen zusehen. Das ist spannend für Kinder. (Marina Grau/fotolia.com)

Die ersten Steps:

Wasser „schleppen": Diese enorm wichtige Aufgabe können wir bereits den Dreijährigen – ausgerüstet mit einer Minigießkanne – übertragen. Und denken Sie daran: Lob ist die beste Motivation für die Kleinen, auch wenn nur die Hälfte des Wassers angekommen ist.

Erdarbeiten: Besonders beliebt bei Kindern sind die Erdarbeiten. Buddeln, buddeln, buddeln! Somit steht das „Umgraben" an vorderster Stelle auf der Kinder-to-do-Liste, gleich gefolgt von Samenstreuen, Gießen, aber natürlich auch vom Ernten der süßen Früchte, wie Erdbeeren.

Vier- bis fünfjährige Kinder greifen zur Hacke oder Harke, um das Erdreich zu lockern beziehungsweise zu harken. Lassen Sie Ihrem Kind Zeit, den Umgang mit den Geräten zu üben. Durch zu viele Belehrungen verlieren sie leicht die Freude am Gärtnern.

Wenn das richtige „Topfgärtnern" beginnt, sind die Kinder dann meist Feuer und Flamme: Großes Saatgut, wie Sonnenblumenkerne und Kapuzinerkresse, kann in Töpfen angezogen werden. Vor dem Aussäen können die Töpfe mit Terrakottafarbe bemalt werden oder jedes Kind schreibt seinen Namen darauf; so kann nichts verwechselt werden.

Das eigene kleine Hochbeet, Blumenkästen oder Kübel werden von den größeren Kindern mit Leidenschaft übernommen. Da müssen die Erwachsenen nur noch beratend tätig sein, auch wenn es manchmal schwer fällt. Kinder machen das nach, was sie bei uns sehen. Also: Wir sind „mal wieder" das gärtnernde, schweigende Vorbild. Bekanntlich ist der berühmte grüne Daumen nichts anderes als die Geduld, die wir nicht nur mit den Pflanzen, sondern erst recht mit unserem Nachwuchs haben!

Das richtige Kinderhochbeet

Kinderhochbeete sollten eine Höhe zwischen 45 und 60 Zentimeter haben. Die Breite muss der Reichweite eines Kinderarms angepasst werden, damit sich das Beet auch bequem bearbeiten lässt. Beim Baumaterial wird selbstverständlich darauf geachtet, dass es keinerlei gesundheitsgefährdende Stoffe enthält. Gerade für Kinderhochbeete sollten essbare Pflanzen auch hinsichtlich ihres Nitratgehalts ausgewählt werden. Zu hohe Konzentrationen, wie sie beispielsweise oft in Blattgemüse bei Lichtmangel vorkommen, können gesundheitsschädigend wirken.

Damit Kinder beim Helfen Spaß haben, brauchen sie – wie die Großen! - gutes Werkzeug. Gießkanne & Co. müssen nicht nur von der Größe her zu ihnen passen, und das Material muss stimmen. Heute gibt es praktisch alle Gartengeräte auch im Kleinformat. Dünnes Blech und zerbrechlicher Kunststoff sind absolute „No-Gos".

Fast alle renommierten Gartengerätehersteller bieten auch Kinderwerkzeug an. Achten Sie unbedingt auf Qualität und einschlägige Sicherheitskennzeichnungen, um Verletzungsgefahren zu vermeiden.

Zur Basisausstattung zählen Schubkarre, Gießkanne, Schaufel, Spaten, Eimer und Töpfe. Nehmen Sie sich Zeit für den Nachwuchs und seien Sie geduldig! Wenn Kinder merken, dass die Großen auch mal „fünfe gerade sein" lassen können – dann werden sie mit wachsender Begeisterung dabei sein. Und das ist auch noch wichtig: Die einfachen Arbeiten müssen schnell und mit größtem Erfolg erledigt werden können.

Der Name ist Programm: Colakraut duftet und schmeckt wirklich nach Cola. (www.blu-blumen.de)

Extra für Balkon und Terrasse gezüchtet: die Balkontomate 'Tumbling Tom Red'. (Volmary GmbH)

Pflanzen für das Kinderbeet

Kinder erobern ihre neue Erlebniswelt bereits mit all ihren Sinnen. Das Einzige, was sie noch nicht besitzen, ist Geduld! Deshalb muss das Saatgut schnell keimen, das Pflänzchen schnell wachsen, die Blüte schnell duften und die Früchte sollten möglichst bald zum Ernten bereitstehen.

Pflanzen, die schnell keimen, sind Radieschen, Kresse und Tagetes. Kinder essen gerne von der Hand in den Mund. Gemüsesnacks, wie Cocktailtomaten, Fingermöhren, Minigurken oder Andenbeeren sind schnell weggenascht. Und das im wahrsten Sinne des Wortes: Gemüse, das im eigenen Beet ange-

,Mini Stars' gedeihen gut in Hängetöpfen. (Volmary GmbH)

baut und geerntet wird, schmeckt natürlich ganz besonders gut. Da gibt es kein „Naserümpfen" mehr, kein „Bäh, will ich nicht" – erst einmal werden die Leckereien staunend betrachtet, bevor sie dann mit leuchtenden Augen aufgegessen werden.

Limonadenkraut & Co.

Apropos Naschen: Düfte verzaubern Klein und Groß. Wahrscheinlich sind besondere Kräuter deshalb so beliebt. Kinder stehen vor allem auf Limonadenkraut, Zitronenmelisse, Lakritz-Tagetes und Kaugummikraut. Aus Blättern und Blüten lassen sich erfrischende Tees herstellen. Besonders verlockend sind auch Pflanzen mit essbaren Blüten. Für diesen besonderen Genuss sorgen Kapuzinerkresse, Borretsch, Zitronentagetes und Malve. Da wird jedes Butterbrot zum Festmahl – nicht nur für die Kleinen.

Grüne Limonade

Zutaten:

1 Kräuterstrauß (z. B. Pfefferminze, Zitronenmelisse, Limonadenkraut) / 1 l Apfelsaft / Saft von einer Zitrone / 500 ml Mineralwasser

Zubereitung:

Die Kräuter waschen, trocken schütteln und mit der Hand kräftig zerdrücken. In ein Gefäß geben, den Apfelsaft dazugießen und etwa drei Stunden abgedeckt kalt stellen. Den Kräuterstrauß herausnehmen, Zitronensaft und eiskaltes Mineralwasser zugießen.

(www.blu-blumen.de)

(www.blu-blumen.de)

(www.blu-blumen.de)

Sicherheit für die Kleinen

Kinder sind Kinder! Sie wollen alles probieren und erkunden. Doch leider können sie die Gefahren noch nicht erkennen. Bedeutet das nun, dass man auf das Gärtnern mit den Kids auf Balkon und Dachgarten besser verzichten sollten? Die Antwort lautet ganz klar: Nein! Aber Eltern müssen dafür sorgen, dass ein größtmögliches Maß an Sicherheit gewährleistet wird. Das wichtigste Gebot heißt: Kinder dürfen niemals allein und ohne Aufsicht auf einem Balkon sein!

Eine Beerentorte mit Früchten vom Balkon.
(www.haeberli-beeren.ch)

Doch nun der Reihe nach:
1. Die Sicherheit für unsere kleinen Gärtner beginnt bereits in der Wohnung, nämlich an der Balkontüre. Damit der Nachwuchsgärtner nicht allein auf den Balkon gehen kann, sollten Sie den Griff an Ihrer Balkontür gegen einen abschließbaren Griff mit Schlüssel austauschen. Auch der Einbau einer Kindersicherung ist nachträglich noch möglich.
2. Die nächste Gefahrenquelle steckt in der Balkontüre selbst. Der sogenannte Blendrahmen der Tür wird zur Stolperfalle. In Neubauten wird bereits auf „barrierefreie" Türen geachtet.
3. Auf dem Balkon stehen wir nun vor der größten Gefahr: Balkongitter und Balkonbrüstung! Die Gitterstäbe dürfen niemals waagrecht verlaufen, da sie ansonsten als „Trittstufen" zum Klettern benutzt werden. Bei senkrecht stehenden Gitterstäben darf der Abstand zwischen den Stäben maximal 12 Zentimeter betragen, damit die Kleinen sich weder mit Kopf, Armen, Beinen oder dem ganzen Körper durchzwängen können.

Es gibt besondere Schutznetze, die einfach an der Balkonbrüstung angebracht werden und Ihr Kind gleichzeitig davor schützen, seinen Kopf durch das Geländer zu stecken. Solche Schutznetze zur Balkonsicherung finden sie von vielen namhaften Herstellern.
4. Die Kinder dürfen erst gar nicht auf die Idee kommen, auf die Brüstung zu klettern. Stühle, Hocker, Kisten sollten deshalb nicht herangezogen werden können.
5. Durch Gießwasser oder Regen kann der Balkonboden glitschig werden. Deshalb muss außerdem auf einen rutschfesten Untergrund geachtet werden. Apropos Wasser: Regenwasser zu sammeln ist enorm wichtig – noch wichtiger ist es aber, dass die Regenwassertonne immer kindersicher abgedeckt ist!
6. Es braucht zum Schluss auch keiner vielen Worte, dass Messer, Scheren, Dünger und Pflanzenschutzmittel für Kinderhände nicht erreichbar sein dürfen!

Sinnvolle Hilfen

Clevere Geräte und Materialien machen Sie erfolgreich

City-Gardening funktioniert kompakt und auf kurzen Wegen. Um das schnelle urbane Gärtnern zu erleichtern, gibt es eine Menge kluger Hilfsmittel. Was von all den Angeboten ist klasse, was davon kann man knicken? Hier finden Sie für sich praktische Entscheidungshilfen.

Anzuchthilfen – Startschuss für großartige Gartengenüsse

Der City Garten lebt von seinen Pflanzen – je mehr davon auf meist kleiner Fläche unterzubringen sind, desto besser. Umso variantenreicher, genüsslicher und obendrein ertragreicher ist dann all die erzeugte Vielfalt, in die Sie so viel Mühe gesteckt haben. Der Spaß will dabei auch finanziert sein, weswegen die natürlichste Sache der Welt wieder neu in den Fokus der City-Gärtner gerückt ist: Pflanzen kostengünstig und in Massen einfach selbst aus Samen zu ziehen. Saatgut gibt es in Gartencentern variantenreich, und einen Spaßfaktor für die ganze Familie bedeutet die Sämlingskultur allemal.

Selbst wenn Sie mit der Pflanzenaussaat bislang nicht befasst waren: Nur Mut! Die Hilfsmittel es zu tun sind so variantenreich und treffsicher, dass Sie sich schnell und einfach einfuxen können!

Saatbänder & Co.

Gerade im Spätwinter, um Mitte Februar, wenn bereits die ersten Salat- und Tomatenpflanzen für die Weiterkultur im Kleingewächshaus ausgesät werden, beflügelt es die Lust auf die kommende Gartensaison, erwartungsvoll die Namen der ausgesäten Sorten auf Etiketten zu schreiben und sie an die gerade fertig gemachten Aussaaten in ihren Anzuchttöpfen zu stecken.

Bei der Aussaat von Jungpflanzen haben Sie die Auswahl zwischen losem Saatgut und Saatbändern beziehungsweise Saatscheiben. Saatbänder und Saatscheiben haben den Vorteil, dass hierbei zwischen zwei Tissueblättern das Saatgut bereits im richtigen Abstand zueinander eingebettet ist. Sie müssen nur noch die Bänder oder Scheiben in Blumenkästen oder Pflanzgefäßen ausbringen – und fertig. Einfach machen es diese Aussaathilfen auch Liebhabern von Vielfalt: Salatmischungen, Blumenmischungen, Kräutermischungen – all so etwas gibt's fix und fertig vorbereitet.

33

Loses Saatgut hingegen säen Sie für die zeitige Frühjahrsanzucht in Saatkisten oder direkt in Anzuchttöpfe aus. Aus Saatkisten müssen Sie die Sämlinge einzeln in Anzuchttöpfe und von dort in die Freilandgefäße umtopfen – pikieren nennt das der Gärtner.

In der Regel sind es die weniger frostempfindlichen und später zu säenden Pflanzen, die Sie stattdessen auch direkt in Ihre Freilandgefäße aussäen können. Schneller und einfacher klappt daher üblicherweise die direkte Aussaat in den Anzuchttopf. In ihm hat jeder Sämling sein eigenes Wurzelrevier und kann ohne Konkurrenz zu einer kräftigen Jungpflanze heranwachsen.

Das Pflanzenschutznetz ist bei dem kleinen Hochbeet gleich integriert. (www.britihgarden.at)

Beste Bedingungen

Wärme, Licht und Feuchtigkeit bestimmen Keimung, Gesundheit und Anzuchterfolg Ihrer Jungpflanzen aus Saatgut. Um all das steuern zu können, sind Anzuchtstationen für Jungpflanzen empfehlenswert, die es in verschiedenen Größen und technischen Ausführungen gibt. Je nach Ausführungen und Topfgrößen, bringen Sie bis zu über 50 Jungpflanzen darin unter. Je nach Pflanzenauswahl kann es sinnvoll sein, Anzuchtstationen mit mehreren Klimabereichen zu wählen – etwa dann, wenn sich Keim- und Anzuchttemperatur von Pflanzenarten deutlich unterscheiden. Weiteres Auswahlkriterium ist, wie lange die Jungpflanzen in der Anzuchtstation bleiben und wie groß sie bis dahin sein werden – entsprechend verschieden große und hohe Anzuchtstationen gibt es dann. Am sinnvollsten sind Anzuchtstationen mit integrierter Bewässerungsmöglichkeit und Thermostatregelung. Für die spätere zügige Weiterkultur von Jungpflanzen sind Heizmatten beziehungsweise Jungpflanzen-Wärmeplatten angeraten, sofern Sie sie in einem Kleingewächshaus kultivieren; auch Heizkabel.

Kübel und Töpfe

Im gewachsenen Boden eines herkömmlichen Gartens können sich die dort wachsenden Pflanzen frei in den Boden hinein entwickeln und mit ihren Wurzeln uneingeschränkt auf die Suche nach Wasser und darin gelöste Nährstoffen gehen. Viel Bodenfreiheit puffert es also leicht einmal ab, wenn es von diesem oder jenem im Boden für die Pflanze zu viel oder zu wenig gibt: Die Pflanzenwurzeln weichen woanders hin aus. In einem Pflanzgefäß geht das so einfach nicht, da sind Grenzen schlichtweg Grenzen. Umso mehr kommt Ihnen daher die Aufgabe zu, durch die Wahl eines geeigneten Pflanzgefäßes gleichsam den Rahmen für das Gedeihen Ihrer Pflanzen vorzugeben. Und da sind „Pötte" eben nicht gleich „Pötte". Bitte beachten Sie die im Obstkapitel (siehe S. 69) genannten grundsätzlichen Sicherheitsaspekte zum Aufstellen von Pflanzgefäßen.

Kunststoffgefäße sind die Klassiker

Leichtgewichte und daher grundsätzlich einfach zu handhaben sind Gefäße aus Kunststoff. Ganz nach eigenem Gartenstyle, können Sie bei denen zwischen zahlreich erhältlichen Bauarten, Formen und Farben wählen. Wo Sie eine komplette Bewässerungsautomatik installiert haben, ist gleichsam jeder Topf und Kübel aus Kunststoff willkommen. Wo Sie aber von Hand gießen, empfehle ich dringend Pflanzgefäße mit Wasserreservoir. Zwar müssen Sie die darin gesetzten Pflanzen zunächst zwei, drei Wochen lang „von oben" über die Erde gießen.

Mein Tipp

Wenn Sie über die Anschaffung eines Kleingewächshauses für ihren City Garten bislang nicht nachgedacht haben:
Überwinterungshilfen wie mobile Orangerien (z. B. „Tropical Island", siehe S. 51) lassen sich auch in Doppelfunktion nutzen – mal als Winter-Foliengewächshaus, mal als Anzucht-Foliengewächshaus.

Sobald sie aber eingewurzelt sind, erleichtern Sie sich die Gießarbeit wesentlich durch das Gießen „von unten", über den Wasserspeicher. Je größer und damit im Betrieb schlussendlich schwerer, desto eher soll ein Kunststoffgefäß mit Rollen versehen sein. Es gibt immer mal einen Grund, warum man ein Pflanzgefäß verschieben können muss. Wenn es dann so weit ist, muss es auch machbar sein. Ebenfalls nützlich ist es, wenn ein Pflanzgefäß seine Pflanzenstütze gleich mit sich bringt, wie im Falle sogenannter „Growboxes". Ob Tomaten oder Erbsen, Wicken oder kletternde Zucchini oder Zierkürbisse, eine All-in-one-Lösung macht das urbane Gärtnern einfacher.

(www.biogreen.de)   *(www.biogreen.de)*   *(www.biogreen.de)*

Praktisch und rückenschonend: Tragegurte für schwere Töpfe. (www.biogreen.de)

Schutz für die Pflanzen im Hochbeet. (www.biogreen.de)

Auf Terrassen machen sich große Gefäße besonders gut. (Esteras by EMSA)

Kaum zu glauben, wie leicht Gefäße sein können. (Esteras by EMSA)

Ein Wasserbecken auf dem Balkon macht das Urlaubsfeeling perfekt (Esteras by EMSA)

Pflanztöpfe aus Keramik halten auch Wind und Wetter stand. (www.hentschke-keramik.de)

Terrakotta mit toskanischem Charme

Terrakotta und Toskana, das gehört doch irgendwie zusammen. Kaum ein Gartenfreund weiß, dass ein Löwenanteil des hierzulande gehandelten Terrakottas aus dem schönen Vietnam stammt. Herkunft ist hier nebensächlich, die Qualität entscheidet. Und das bedeutet für Sie, zwei Produkte davon zu unterscheiden. Üblicherweise ist Terrakotta nicht frostfest. Das Material kann sich also mit Wasser vollsaugen und wenn das gefriert, platzt der Topf oder Kübel. Um dieses Vollsaugen zu verhindern, ist die Ware mitunter silikonisiert. Sofern nicht am Produkt ausgewiesen, fragen Sie Ihren Händler danach. Handelt es sich um ein qualitativ hochwertiges Produkt, ist es als Impruneta-Terrakotta ausgewiesen. Dabei handelt es sich um eine geschützte Herkunftsbezeichnung der Ware aus dem toskanischen Ort Impruneta. Dessen besondere Tone und das besonders heiße Brennverfahren der Ware macht den gebrannten Ton so dicht, dass er sich nicht mit Wasser sättigen und folglich bei Frost nicht platzen kann. Impruneta-Terrakotta gilt daher als frostbeständig.

Zwei Dinge sollten Sie bei der Benutzung Ihrer Terrakotta-Gefäße beachten: Da die Gefäße üblicherweise ein Wasserabzugsloch haben, stellen Sie sie auf einen passenden Untersetzer, über den Sie auch gießen, sofern Sie das konventionell, per Gießkanne, tun möchten. Stellen Sie, zweitens, ganzjährig tönerne Füßchen zwischen Topfunterseite und Untersetzer beziehungsweise Boden. So gewährleisten Sie optimalen Abfluss von Überschusswasser im Topf. Das ist im Winter dann entscheidend, wenn das Wasserabzugsloch zufrieren würde, weil es plan dem Boden aufsteht. Infolgedessen würde sich weiteres Wasser im Topf sammeln, die Wurzeln der Pflanzen darin nachhaltig schädigen

und obendrein den wertvollen Topf – trotz Frostsicherheit seines Materials – durch sich ausdehnendes Eis im Topf zum Zerbersten bringen. Eben das kann nicht passieren, wenn Sie „Füßchen" unterstellen. Weniger optisch reizvoll als pragmatisch passend: Verwenden Sie statt keramischer Füßchen zwei passend zugeschnittene Stücke Dachlatte, auf welche Sie die Gefäße standsicher stellen.

Steinzeug hält am längsten

Wenn es um Tonwaren geht, werden die beiden Begriffe Steinzeug und Steingut oft gleichbedeutend verwendet. Tatsächlich aber trennten beide Arten von Keramik in diesem Fall Welten!

Als Steinzeug bezeichnet man Tonwaren, deren Material durch den heißen Brand der Scherben, bei etwa 1200–1300 °C, „dichtbrennen", wie es der Fachmann nennt, die also verglasen oder sintern. Dann bildet sich auf den Scherben zwischen Tonmaterial und aufgetragener Glasur eine dicht verschmolzene Zwischenschicht. Steinzeug ist daher frostfest, weil kein Wasser eindringen kann. Steingut ist dagegen bei niedrigeren Temperaturen gebrannt. Es ist billiger, aber eben auch nicht frostfest. Um dicht zu werden, muss es in einem eigenen Verfahren glasiert werden. Steinzeug ist nur dann sicher frostfest, wenn es auf „Füßchen" steht.

Je nach persönlichem Lifestyle erhält der City Garten seinen urbanen Charakter nicht immer dadurch, dass in ihm etwa ein Landhausstyle mit feiner Terrakotta oder aber ein Edellook mit Steinzeuggefäßen dekoriert wird. Städtische Schnelllebigkeit, bisweilen Morbidität und Skurrilität, erhält gerade der City Garten durch allerlei eher unkonventionell bepflanzte Gefäße. Ob alte Blechdosen oder Einmachgläser, ob Einkaufstaschen oder Einkaufswagen, ob mit Pflanzerde aufgefüllte Klamotten, Schuhe, Hüte, ja sogar alte Suppenschüsseln oder Kloschüsseln – City-Gärtner lieben es, ihrer Fantasie ebenso freien Lauf zu lassen wie ihrem bodenständigen Pragmatismus. Was auch immer Sie kreativ bepflanzen möchten: Es soll mindestens eine Vegetationsperiode lang als ein Pflanzgefäß halten, verwenden Sie wirklich brauchbare Pflanzerde und sorgen Sie in wasserdichten Gefäßen für einen Wasserabzug.

Hochbeete – sehr entgegenkommend

Wo ein City Garten weitgehend durch seine Pflanzgefäße inklusive der vertikalen Varianten geprägt ist, mangelt es ihm an typischem Beetcharakter. Wer dies explizit für ein bodenständiges Gartengefühl nutzen mag, kann sich Hochbeete einrichten. Hochbeete haben obendrein den Vorteil, all denjenigen, die sich nicht so recht bücken möchten oder können, das Arbeiten zu erleichtern: An Ihnen können Sie im Stehen oder Sitzen gärtnern.

Recycling der besonderen Art; eine tolle Zweitverwertung. (Aleksandar Todorovic/fotolai.com)

Das müssen Sie bedenken

Hochbeete gibt es in Fülle, in verschiedenen Bauarten und Ausführungen. Meist etwa beinlang, nutzen viele die gesamte Höhe zwischen Boden und Beetkante voll aus – benötigen also entsprechend viel Pflanzerde zum Auffüllen. Ist diese dann im Betrieb des Beetes nass, kommen durch Beet und Erdvolumen hohe Gewichtsbelastungen auf den Untergrund zu. Hier müssen Sie vor der Anschaffung bedenken und überprüfen, welche statische Belastung der Untergrund aushält. Denn City Gärten sind oft Balkone, Dachgärten oder Dachterrassengärten. Hochbeete neuerer Bauart sind in Ständerbauweise gebaut. Das Erdvolumen ist deswegen geringer, weil es nicht bis zum Boden hinunterreicht, sondern als Kasten oder Wanne auf Ständern ruht. Gleichzeitig gibt es zu solchen Hochbeeten Modelle mit zusätzlichen hilfreichen baulichen Ergänzungen, wie Rankhilfen und dergleichen, sodass man bei ihnen eigentlich schon von Hochbeetsystemen reden kann. Weil Hochbeete auf Ständern und wenn sie an exponierten Stellen stehen der Umströmung durch den Wind besonders intensiv ausgesetzt sind, müssen sie im Betrieb hinlänglich intensiv bewässert werden. Da aber im City Garten allein aus arbeitswirtschaftlichen Gründen sowie obendrein zur Absicherung der Erntequalitäten eine automatische Pflanzenbewässerung sinnvoll ist, sollte das kein ernsthaftes Problem darstellen: Wer sich vom Bücken entlastet hat, mag auch keine Kannen schleppen.

Entscheidend wichtig: die „top" Pflanzerde

Eine passende Pflanzerde ist für Ihren City Garten die Basis des Erfolgs. Nicht umsonst haben die Gärtner alten Schlags gerade dem Boden und seiner Fruchtbarkeit besonders viel Aufmerksamkeit und Zuwendung gewidmet. Einfach nur eine Schaufel Erde in einen Eimer füllen und sie besäen oder bepflanzen, das funktioniert so nicht. Was im gewachsenen Boden schon facettenreich ist, funktioniert im Pflanzgefäß noch etwas komplizierter. Und nachdem Sie nicht Bodenkunde studieren, sondern einen City Garten betreiben wollen: Nehmen Sie eine Qualitätspflanzerde mit hohem Tonanteil. Warum tut's nicht auch eine Billigerde? Weil die in der Regel – preisgeleitet – mit anderer Rezeptur und anderer Rohstoffqualität arbeitet und das von Ihnen mehr ergänzendes Zutun in Versorgung und Pflege Ihrer Pflanzen abverlangt. Erleichtern Sie sich das Gärtnern mit einer Qualitätserde, die nicht automatisch eine teure Erde sein muss.

In diesem Buch ist an erforderlichen Stellen mal von mineralischer Erde beziehungsweise Substrat die Rede, dann von organischer. Verstehen Sie das so: Organische Erde ist vorwiegend aus organischem Material wie Torf oder Torfersatzstoffen (z. B. Rindenkompost).

Allerdings enthält sie, hauptsächlich bei Qualitätserden, auch einen hohen Tonanteil. Der erleichtert Ihnen aufgrund bestimmter geologischer Eigenschaften der Tonmineralien die gleichmäßige Versorgung der Pflanzen mit Wasser und Dünger.

Mineralisches Substrat kommt ohne organische Substanzen nicht aus, enthält aber recht viel „erdige" Substanzen, wie Ton, Sand oder Bimsstein. Weil jede Pflanze an ihren Boden unterschiedliche Ansprüche stellt, macht diese Unterscheidung in beide Erdentypen Sinn. Jetzt haben Sie verstanden, warum es richtig ist, Pflanzerden im Hinblick auf ihre Verwendung einzukaufen.

Kohl und Salat wachsen im Hochbeet.
(www.biogreen.de)

Die Grundrezeptur der Pflanzerde bildet ihr strukturelles Gerüst. Darauf aufbauend regeln Sie Wassergehalt, Düngergehalt und Bodenreaktion (pH-Wert) durch Gießen, Düngen und Zugabe von pH-Wert-verändernden Komponenten, wie Kalk, Torf oder physiologisch sauer wirkenden Düngemitteln.

„Mahlzeit!" für Ihre Pflanzen

„Gedüngt", das ist für Menschen mit Halbwissen ein Wort, das ihre Ablehnung provoziert. Dabei ist Düngen nichts anderes, als dem Boden das zu geben, was eine Pflanze für ihre Ernährung braucht. Ob Sie einen Apfel pflücken oder einen Salatkopf abschneiden: In die Küche tragen Sie in beiden Fällen Material inklusive dem, was aus dem Boden stammt. Zu düngen gibt also dem Boden Nährstoffe zurück. Als man das im Landbau erkannte, düngte man Mist, Kompost und andere organische Substanzen. Immer mehr haben wir seitdem die Pflanzenernährung dank Justus von Liebig (1803–1873) verstanden und wissen heute in aller Regel äußerst genau, wie eine Pflanzenart gefüttert werden möchte. Anders wäre Gartenbau gar nicht mehr denkbar. Ob mineralisch, also mit Volldüngern auf Salzbasis gedüngt, oder organisch, also in der Bandbreite von Kompost bis Hornspäne, oder aber organisch-mineralisch mit Mischdüngern versorgt: Entscheidend ist die Versorgung der Pflanze mit Futter. Fehlt ihr nur einer der zahlreichen erforderlichen Nährstoffe, dann fehlt ihr an entscheidender Stelle das Material zum Weiterbauen, sprich: Weiterwachsen. Auch ist es der Pflanze völlig gleichgültig, ob der Dünger aus einer organischen oder mineralischen Quelle stammt – ohnehin muss der jeweilige Dünger im Boden meist erst einmal von der Bodenfauna beziehungsweise von physikalisch-chemischen Prozessen pflanzenverfügbar gemacht werden. Es ist lediglich so, dass organisch gedüngte Böden belebtere Böden sind und samt Bodenfauna in dynamischer Symbiose mit der Pflanze leben. Einseitig und lange mineralisch gedüngte Böden verarmen zusehends an solcher Bodenfruchtbarkeit.

Wie geht das im City Garten?

Im City Garten reden wir aber ohnehin nicht von gewachsenen Böden, sondern von Pflanzgefäßen mit Substraten, also von ohnehin künstlich geprägten Systemen und Wachstumsbedingungen. Deswegen wird Ihre Düngung im City Garten immer eine Kombination von beidem sein, organischer und mineralischer Düngung: organisch, um das Bodengefüge strukturell lebendig zu halten, und mineralisch, um die Pflanzen optimal satt zu bekommen.

Womit konkret düngt man nun am besten? Wenn Sie es sich einfach machen möchten, verwenden Sie den Dünger für das, was auf der Packung steht, z. B. Tomatendünger. Tomaten, beispielsweise, haben einen sehr hohen Bedarf an Kalium, das berücksichtigt der Hersteller in seiner Düngerrezeptur. Wenn Sie es nicht so grammgenau nehmen, können Sie ebenso gut klassischen Volldünger verwenden. Mittelweg ist der bereits erwähnte organisch-mineralische Mischdünger. Denken Sie bei der Verwendung von organischen Düngemitteln daran, dass sich diese erst im Boden zersetzen müssen, um schlussendlich auf molekularer Ebene pflanzenverfügbar zu sein. Kalkulieren Sie für solche Dünger mindestens etwa drei Wochen frühere Ausbringung ein. Für mineralische Dünger reicht knapp eine Woche Vorlaufzeit bis zu ihrer Wirkung, ausreichend Bodenfeuchtigkeit vorausgesetzt.

(www.greenlabberlin.wix.com)

(danishkan/istockphoto.com)

(www.biogreen.de)

(Deutscher Dachgärtner Verband)

Daraus bedient sich die Pflanze auf chemischem Weg – ja, was die Pflanze da natürlicherweise macht, ist Chemie! – immer mit dem, was sie gerade benötigt. Und in den nötigen Mengen, damit die Wurzeln praktisch nicht „verbrennen" können. Allerdings wirkt Langzeitdünger in Abhängigkeit von Wärme und Bodenfeuchte. In sehr warmfeuchten Sommern kann der Dünger daher schon Wochen früher, in kühltrockenen Sommern erst Wochen später aufgebraucht sein. Deswegen gilt die alte Regel: „Zu gärtnern bedeutet, zur rechten Zeit das Richtige zu tun." Haben Sie also immer ein waches Auge auf die Pflanzen und düngen Sie bei erkennbarem Mangel entsprechend nach. Eine optimale Lösung: Langzeitdünger als Grunddüngung und Grundversorgung, dazu während der Vegetationsphase einmal pro Woche flüssig düngen, zusammen mit dem Gießwasser.

Richtig düngen: So geht's

Im Gemüse-, Kräuter- und Blumengarten hängt die Düngung wesentlich von der Pflanzenart ab, denn Gemüsepflanzen unterteilt man hier praktischerweise in Starkzehrer, Mittelstarkzehrer und Schwachzehrer, je nachdem wie viel Nährstoffe sie zum Wachsen und Fruchten benötigen. Kohl ist zum Beispiel ein Starkzehrer, Tomaten zählen zu den Mittelstarkzehrern und Salat zu den Schwachzehrern.

Die Düngeempfehlungen hierzu im Einzelnen:

- *Schwachzehrer: Ein bis zwei Liter/Quadratmeter Kompost geben, gegebenenfalls ergänzend Stickstoff (ca. 70 Gramm/Quadratmeter Horngries oder Hornspäne) und Kali (ca. 35 Gramm/Quadratmeter Kalimagnesia) geben.*
- *Mittelstarkzehrer: Zwei bis vier Liter/Quadratmeter Kompost geben, gegebenenfalls ergänzend Stickstoff (ca. 120 Gramm/Quadratmeter Horngries oder Hornspäne) und Kali (ca. 70 Gramm/Quadratmeter Kalimagnesia) geben.*
- *Starkzehrer: Vier bis sechs Liter/Quadratmeter Kompost geben, gegebenenfalls ergänzend Stickstoff (ca. 150 Gramm/Quadratmeter Horngries oder Hornspäne) und Kali (ca. 100 Gramm/Quadratmeter Kalimagnesia) geben.*
- *Laubgehölze benötigen ihre Nährstoffe hauptsächlich Anfang bis Mitte Juni und, für einen zweiten Wachstumsschub, etwa Mitte Juli bis Mitte August. Danach also nicht mehr düngen. Laubgehölzen gibt man daher die erste Düngergabe, etwa 55 Prozent des Jahresbedarfs, im April, die zweite Gabe im Juni. Bei Obstgehölzen und Rosen verschieben sich die Zahlen leicht, dort gibt man 50/50 beziehungsweise 60/40.*
- *Nadelgehölze haben einen ersten Nährstoffbedarf den Mai über, einen zweiten höheren Ende Juli bis Ende August, in der Zeit der Zapfenbildung. Die „Futterverteilung" für Nadelgehölze ist daher 35/65.*

Bewässerungshilfen –
Kannenschleppen war gestern

Wussten Sie, dass eine Pflanze zu über 90 Prozent aus Wasser besteht? Kein Wunder, dass sie viel davon benötigt, auch wenn sie über 95 Prozent ihres Gießwasser wieder verdunstet. Eine ausgewachsene Sonnenblume kann an einem heißen Sommertag bis zu zehn Liter Wasser verdunsten, eine Tomate etwa zwei bis drei Liter. Hochgerechnet auf all Ihre Pflanzen im City Garten, geteilt durch zehn, ermitteln Sie schnell die benötigte Anzahl von Gießkannen voller Wasser, die Sie tagtäglich schleppen müssen. Sicher, mit Schlauch gegossen ist das schlauer. Zum Gießen per Schlauch gibt es inzwischen Wassermengenzähler, die Sie zwischen Schlauchausgang und Spritzdüsenaufsatz installieren. So können Sie alle Pflanzgefäße viel genauer

mit Gießwasser versorgen als geschätzt und „aus dem Bauch heraus". Speziell für das Gießen etwas entfernterer Töpfe oder auch von bepflanzten Ampeln verwenden Sie am besten ein sogenanntes Gießgerät, das auch als Gießlanze bezeichnet wird.

Tröpfchen für Tröpfchen

Flächige Bepflanzungen, zum Beispiel in Hochbeeten, bewässern Sie leicht und einfach mithilfe eines Tropfschlauchs. Aus der Wand eines solchen speziellen Bewässerungsschlauchs tritt das Gießwasser an der gewünschten Stelle im Beet gleichmäßig aus. Um generell nicht mit langen Schläuchen hantieren zu müssen, ist ein Zweifach- oder Vierfach-Wasserverteiler hilfreich, der von

Die antik wirkende Wandamphore ist zugleich Pflanzgefäß und praktischer Wasserspeicher. Zur Stabilität wird sie an der Wand befestigt. (Otto Graf GmbH)

einem Wasseranschluss ausgehend vier Schläuche bedient. Achten Sie bei der Installation des Haupthahns darauf, eine frostsichere, selbst lüftende Armatur einzubauen. Andernfalls müssen Sie die angelegte Wasserleitung samt Hahn frostsicher versorgen: Vor dem Frost auslaufen lassen und mit Luft fluten, im Frühjahr bei Inbetriebnahme wieder entlüften.

Noch geschickter als mit Kanne und Schlauch versorgen Sie die Pflanzen in Ihrem City Garten per automatischer Bewässerung mit dem kostbaren Nass. Zwar haben Sie anfangs den Aufwand mit der Installation, das sparen Sie aber später wieder ein durch weniger Wasserverbrauch, weniger Gießaufwand – plus bessere Pflanzen- und Erntequalität.

City Gärten auf Balkonen, Dachterrassen und Dachgärten sind ohnehin stark der Sonne und dem Wind exponiert, beides trägt zur raschen Austrocknung der Pflanzerde bei. Eine automatische Bewässerung, gern auch in Verbindung mit Pflanztöpfen mit Wasserreservoir, sorgt gerade im City Garten dafür, dass Ihre Pflanzenschätze nicht austrocknen. Um Pflanzen auf die Schnelle mal etwas mehr Wasser mit auf den Weg in den Tag zu geben, gibt es inzwischen spezielle Bewässerungsglaskugeln beziehungsweise Aufsätze für große Flaschen, die Sie mit Wasser befüllen, mit eben diesem Aufsatz versehen und das Ganze kopfüber in die Erde im Topf drücken. Ganz langsam dringt dann die Extraration Wasser in den Boden ein.

Wasserreservoirs sammeln Regenwasser

Bedenken Sie die Wassermengen, die Sie pro Jahr für die Versorgung all Ihrer Pflanzen im City Garten benötigen, so kommen da leicht mehrere Tausend Liter zusammen. Jeder Kubikmeter Wasser kostet zunächst sich selbst, plus seine Abwassergebühren. Dieses Geld gegen die Kosten für ein oder mehrere von Ihnen mehrjährig genutzte Wasserreservoirs gerechnet, macht einen solchen Wasserspeicher schnell lukrativ. Sofern Sie Oberflächenentwässerungen, speziell Dachflächenentwässerungen, anzapfen können, sollten Sie das auf jeden Fall tun. Je nach Region liegen die jährlichen Niederschläge in Deutschland, grob gerechnet, zwischen 500 und 1500 Millimeter jährlich. Ein Millimeter Niederschlag bedeutet einen Liter Wasser pro Quadratmeter. Schon eine kleine Dachfläche liefert reichlich Regenwasser. Begrenzender Faktor sind in erster Linie die verfügbare Stellfläche für Regenspeichertanks und ihre statische Tragfähigkeit. Diese müssen Sie vor dem Aufstellen immer auf Machbarkeit überprüfen!

Mein Tipp

Ob Regentonne oder technisch ausgefeiltes Reservoir mit Filtern und Pumpe – achten Sie darauf, dass es immer dicht verschlossen werden kann.

In offenen Systemen sind schon allzu viele Kinder, aber auch Tiere zu Tode gekommen! Optisch jedenfalls gibt es inzwischen zahlreiche, nicht mehr störende oder sogar ansehnlich gestaltete Lösungsmöglichkeiten auf dem Markt.

1. Halten Sie Pflanzen gleichmäßig feucht
Die meisten Pflanzen sind auf gleichmäßige Feuchtigkeit angewiesen. Leichtes Trockenfallen vor dem Gießen regt aber das durchaus erwünschte Wurzelwachstum der Pflanzen an.

2. Geben Sie die passende Wassermenge
Bedarfsgerechtes Gießen bedeutet, dass das Gießwasser bis reichlich an die Wurzeln gelangen muss. Zu geringe Wassermengen benetzen oft nur den oberen Bodenzentimeter – oder erreichen ihn nicht einmal, zum Beispiel bei Mulchauflagen und bei zu geringer Bewässerung. Bedarfsgerechtes Gießen bedeutet auch, dass Nutzpflanzen in derjenigen Zeit, in der sie ihre zu nutzenden Teile zur Erntereife bringen, ganz besonders gut mit Wasser versorgt werden müssen, denn jetzt sind sie auf gleichmäßige Bodenfeuchte angewiesen. Das gilt für Ausbildung der Wurzeln und Knollen von Möhren und Kartoffeln genauso wie bei der Produktion von Blättern bei Basilikum und Feldsalat, Köpfen bei Blumenkohl und Kopfsalat, von Hülsen bei Bohnen oder von Früchten bei Tomaten und Obst.

3. Gießen Sie größere Wassermengen in Teilgaben
Wasser braucht einen Moment, bis es in den Boden versickert. Bevor also das kostbare Nass im Beet ungenützt davonfließt, geben Sie die Gießmenge besser nach und nach in Teilportionen. Lassen Sie die Pflanzen in Kübeln & Co. also nicht ballentrocken werden, um sie dann durch übermäßiges Gießen zu ersäufen!

4. Vermeiden Sie Staunässe
Stauende Nässe verdrängt die Atemluft der Wurzeln aus der Erde – die Wurzelzellen sterben ohne Sauerstoff ab. Sorgen Sie für Wasserabzugslöcher in den Pflanzgefäßen. Legen Sie „Füßchen" unter die Töpfe, damit Überschusswasser ganzjährig sicher abfließen kann. Kontrollieren Sie Übertöpfe nach Niederschlägen auf stauendes Wasser.

5. Blumenkästen – besser von oben oder von unten gießen?
Pflanzgefäße mit Wasserreservoir müssen bis zur sicheren Einwurzelung der Pflanzen, die etwa vierzehn Tage dauert, von oben – über die Erde, nicht die Blätter! – gegossen werden, danach von unten, also via Wasserspeicher.

6. Verwenden Sie umgebungstemperiertes Gießwasser
Die Wassertemperatur muss in etwa zur Pflanzentemperatur passen: Vom Tag aufgeheizte Pflanzen im Hochsommer bekommen beispielsweise einen Kälteschock an der Wurzel und einen Wachstumsschock, wenn sie plötzlich mit sehr kaltem Wasser gegossen werden.

7. Gießen Sie über einen Untersetzer
Den tatsächlichen Wasserbedarf einer Topf- oder Kübelpflanze ermitteln Sie schnell und einfach, indem Sie die Pflanze über einen Untersetzer gießen: Befüllen Sie den mit Wasser (erforderlichenfalls wiederholen) und gießen Sie das Überschusswasser nach ca. 20 bis 30 Minuten ab.

8. Gießen sie spät abends oder früh morgens

Auf den abends oder über Nacht abgekühlten Pflanztopf gegossen, verdunstet weniger Wasser, als tagsüber. Und: Die Pflanzen können sich rechtzeitig vor der nächsten Tageshitze ausreichend mit Wasser vollpumpen.

9. Halten Sie die Blätter beim Gießen trocken

Nasse Blätter sorgen für kranke Blätter. Über Nacht nass gehalten, drohen Blattpilzkrankheiten, bei Sonnenschein bekommen tagsüber benetzte Blätter leicht Brandflecken, durch den Brennglaseffekt der Wassertropfen.

10. Gießen Sie punktgenau, aber verteilt

Immer nur an einen Wurzelpunkt zu gießen, führt im Pflanzgefäß zu betont einseitigem Wurzelwachstum und damit schlechterer Nährstoffausbeute im Boden. Daher das Gießwasser stets rundherum über den Wurzelballen der Pflanzen verteilen.

11. Bewässern Sie wassersparend

Gießen Sie so viel wie nötig und so wenig wie möglich. Vereinfacht funktioniert das mit einem Gießmengenzähler oder über eine automatische Bewässerung mit Feuchtefühler.

12. Gießen Sie auch im Winter, wenn es sein muss

Immergrüne Pflanzen verdunsten auch im Winter Wasser. Vor dem Wintereinbruch müssen sich diese Pflanzen noch einmal richtig vollsaugen. Gießen Sie bei Wintertrockenheit dann erneut – sogenannte Frostschäden, speziell bei Pflanzen in Gefäßen, sind oftmals Vertrocknungsschäden.

13. Nutzen Sie Gefäße mit Wasserspeicher

Es ist arbeitstechnisch geschickter und spart Wasser, statt herkömmlicher Balkonkästen und Pflanzgefäße solche mit Wasserreservoir zu verwenden.

14. Verwenden Sie tonreiche Qualitätserden

Pflanzerde mit einem hohen Anteil an Tonmineralien sorgt aufgrund der Quellfähigkeit für mehr Wasserhaltekraft des Bodens und gleichmäßigere Wasserversorgung der Pflanzen. In nassen Sommern sowie im Winter müssen Sie aber auch einen guten Wasserabzug gewährleisten, um Übernässung zu vermeiden.

15. Ausgetrocknete Töpfe richtig wässern

Allzu ausgetrocknete Wurzelballen nehmen erst mal kaum Wasser auf. Hier sollten Sie die Erdballen kleinerer Pflanzen in einem Eimer Wasser untertauchen, bis keine Luftblasen mehr aufsteigen. Bei größeren Pflanzen muss der Erdballen häufig mäßig benetzt werden, um wieder ausreichend wasseraufnahmefähig zu sein.

Komposter gibt es in verschiedenen Größen und Ausstattungen. (pryzmat/stockphoto.com)

In einem Fass kann Regenwasser gesammelt werden. (cotesbastien/stockphoto.com)

Das wichtigste Gartenwerkzeug für Männer . . . . (E. Kötter)

Mit Tröpfchenbewässerung bekommen Pflanzen Wasser. (www.gardena.com)

Achten Sie auf eine gute Verarbeitung beim Hochbeet. (www.biogreen.de)

Herzschaufeln sind ideal, um Erde aus einem Sack zu schaufeln. (www.krumpholz1799.de)

Kompostieren –
lohnt das im City Garten?

Kompostieren ist nichts anderes als das Recyceln von Gartenabfällen und in engen Grenzen auch von Küchenabfällen. Um auf dazu ausreichend großen Balkonen und Dachgärten selbst einen Kompost zu betreiben, benötigen Sie kaum mehr als einen Quadratmeter Platz. Für die Kompostierung in der Stadt kommen allein Thermokomposter infrage, weil die praktisch rundum geschlossen sind. Sie benötigen für den Boden außerdem ein Mäuseschutzgitter, um keine ungebetenen Nager in den Komposter zu locken. Das System Thermokomposter ist zudem so angelegt, dass alle kompostierten Gartenabfälle zügig in Humusstoffe umgesetzt werden können, die Sie danach in Ihren Pflanzgefäßen als organischen Dünger ausbringen.

Spork heißt dieses fantastische Universal-Gartengerät. (www.krumpholz1799.de)

Futter für den Kompost

Um Fäulnis und damit Geruchsbelästigungen zu vermeiden, ist es ganz wichtig, dass Sie einen solchen Thermokomposter korrekt beladen. Das Prinzip ist dabei relativ einfach: Keine dicken Schichten von einzelnen Abfalltypen auftürmen, sondern immer nur in etwa Zehn-Zentimeter-Schichten gemischt. Gemischt werden die beiden Abfalltypen „trocken" und „nass". Wenn Sie immer beide gemixt oder lagenweise kombiniert im Komposter aufschichten, ist die eine nie zu nass und die andere nie zu trocken zum Verrotten. Vielmehr können dann, bei gleichmäßiger Feuchtigkeits- und Luftverteilung alle Bodenorganismen optimal arbeiten.

„Optimal arbeiten" heißt, dass sich keine Geruchsbelästigung ergibt. Die aber entsteht immer dann, wenn Kompostgut in Fäulnis übergeht. Beispielsweise dann, wenn Sie „nasse" Gartenabfälle zu dicht schichten - zu hoch oder mit zu wenig „trockenen" durchmischt.

„Nasse" Kompostabfälle sind beispielsweise Obst- und Gemüsereste, trockene hingegen trockenes Herbstlaub und trockenes, verholztes Schnittgut von Stauden, bis hin zu dünneren Zweigen von Gehölzen. Grobes Material vor dem Einschichten immer auf etwa zehn Zentimeter Länge zerkleinern. Von zu viel trockenen Materialien am besten einen Vorrat in Säcken anlegen, für die Zeit im Jahr, wo im Sommer erntebedingt mehr nasse Abfälle anstehen.

Aus hygienischen Gründen nicht auf den Kompost gehören Essensreste und Tierkot, auch keine Eierschalen und kein Katzenstreu (Salmonellengefahr!). Übrigens ebenfalls keine Staubsaugerbeutelinhalte und keine Asche aus Kaminofen oder Grill, denn hier ist eine erhöhte Schadstoffdichte zu befürchten. Und damit die Antwort auf die eingangs gestellte Frage: Ja, wo es sinnvoll machbar ist, lohnt es sich zu kompostieren.

Gartengeräte zwischen Blechspielzeug und wirklich Nützlichem

„Gutes Werkzeug" ist Gold wert. Es gibt kaum etwas Schlimmeres, als wenn unterm Arbeiten das Werkzeug kaputt geht und man allein da steht mit der Frage: Was nun? Was aber fällt in die Kategorie gutes Werk-

Ordnung erleichtert immer die Arbeit, denn mitunter verbringt man viel Zeit mit dem Suchen. (Ursa Studio/shutterstock.com)

zeug? Mit gutem Werkzeug geht die Arbeit zügig und unproblematisch von der Hand, ohne klemmende Scherenblätter oder sich verbiegende Stiele oder Blechteile: Blechspielzeug! Wenn das der Fall ist, ist gutes Werkzeug allemal sein Geld wert. Besonders günstige Werkzeuge können volle Belastung meist nicht leisten. Billigscheren etwa, reichen möglicherweise für ein paar Schnitte im Jahr aus. Meist aber nicht lange, wenn Sie regelmäßig intensiver damit arbeiten. „Gutes Werkzeug" haben Sie dagegen beinahe ein Leben lang.

Gut geeignet

Im City Garden sind die Beanspruchungen an Scheren & Co. meist nicht allzu hoch, deshalb haben sich Werkzeuge mit Stecksystem als sinnvoll erwiesen: ein Stiel, viele Aufsatzgeräte. Sie kaufen dabei nur diejenigen Aufsatzgeräte, die Sie tatsächlich benötigen, und haben dafür aber alles zur Hand, was Sie brauchen. Gerade für Menschen mit Spaß am Landhausstyle gibt es demgegenüber auch robust geschmiedete Werkzeuge. Hier finden sich auch gute traditionelle Spezialwerkzeuge. Etwa die Topfkelle mit ihrem hochgezogenen Kellenrand – für alle, die sich beim Herausschaufeln von Pflanzerde schon immer darüber geärgert haben, dass dabei die Erde von der Pflanzkelle wieder herein rieselt. Oder die Pflanzkelle mit Kapselheber („Flaschenöffner") – für alle, die während der Freude an der Arbeit auch Spaß an der Pause haben. Hilfreiche Gartengeräte werden noch heute erfunden, wie das Universalgerät Spork aus England - eine Mischung aus Spaten (spade) und Grabegabel (fork), den es auch als praktisches Handgerät gibt.

Winterschutz –
City Gärten sind frostempfindlich

Winterschäden an Pflanzen sind eigentlich getrennt zu betrachten. Zum einen sind da die echten Frostschäden, wenn durch Eiskristalle in den Pflanzenzellen das Pflanzengewebe zerstört wird. Sommerblumen, Tomaten und viele andere Pflanzen aus frostfreien Gegenden der ganzen Welt zeigen solche Schäden leicht an: Wie matschig oder wie gegarter Spinat sehen solche Pflanzen nach einem Frost aus. Zum anderen sind da die Trockenschäden. Pflanzen vertrocknen, weil sie aus dem gefrorenen Boden des Pflanzgefäßes kein Wasser nachziehen können, während sie über das Laub weiter verdunsten. Speziell Immergrüne sind daher von Frosttrocknis bedroht, Laubgehölze üblicherweise stärker als Nadelgehölze.

Es liegt daher nahe, frostgefährdete Pflanzen, wie Kübelpflanzen, entsprechend einzuwintern. Im City Garten sind Kleinstgewächshäuser oder mobile Orangerien, wie „Tropical Island", sehr empfehlenswert. Mit am besten thermostatisch gesteuerten Gewächshausheizungen lassen sich diese Glas- beziehungsweise Kunststoffhüllen frostfrei halten. Da es im City Garten von Feige bis Kaki zahlreiche Pflanzen gibt, die einige Frostgrade durchaus vertragen, ist es im Einzelfall gar nicht erforderlich, die mobilen Über-

winterungshäuser den ganzen Winter über komplett frostfrei zu halten. Es reicht, gegen Extremtemperaturen anzugehen, und das ist in den meisten Wintern eine überschaubar lange Zeit. Je genauer Sie daher die Überwinterungstemperaturen Ihrer zu schützenden Pflanzen kennen, desto energiesparender gelingt es Ihnen, mit Ihren Kübelschätzen durch den Winter zu kommen.

(www.biogreen.de)   *(lens 2010/fotolia.com)*   *(jokapix/fotolia.com)*

51

Dabei gilt: Im Zweifelsfall lieber einen „Wackelkandidaten" doch in Schutz nehmen und ebenfalls im Zweifelsfall lieber ein paar Grad mehr als Sicherheitsreserve einplanen.

Im Wesentlichen sind es drei verschiedene Heizsysteme, auf die Sie bei der Wärmeerzeugung im Winterquartier zurückgreifen können. Kleingeräte sind oftmals ganz einfach mit Paraffin betrieben. Mittlere Geräte aufwärts nutzen Strom oder Propangas als Energiequelle. Für bessere Energieausbeute bei gasbetriebenen Geräten verwenden Sie Katalysatorbrenner.

Lesen Sie zur Nutzung von eigenen Überwinterungshäusern auch die betreffenden Angaben im Kapitel über Obstgehölze (siehe S. 69). Frostgefährdete Pflanzen benötigen einen zuverlässigen Winterschutz, aber es gibt auch Pflanzen, die recht robust und weniger kältempfindlich sind. Sie müssen lediglich vor austrocknenden Winden sowie vor winterlichen Sonnenstrahlen in Frostperioden bewahrt werden. Voraussetzung: Sie gießen diese Pflanzen erforderlichenfalls an frostfreien Tagen.

Es gibt viele Möglichkeiten Pflanzen zu schützen. (argot/fotolia.com)

Frostschutz „next generation"

Winterschutz für Pflanzen in Gefäßen wird in vielfacher Form angeboten. Hier lohnt der Qualitätsvergleich. Frostschutz der jüngsten Generation bedeutet die Komplettumhüllung für Topf und Pflanze. Darin steht der Topf auf und in einer speziellen, abwaschbaren Isolierung. Die Pflanze hingegen ist umhüllt von einem lichttransparenten und atmungs-aktiven, strapazierfähigen und waschbaren Spezialvlies.

Lichttransparenz ist wichtig, um die übli-cherweise immergrünen Pflanzen unter ei-nem solchen Vlies nicht in einer Dunkelkam-mer zu überwintern – sie brauchen auch im Winter Licht! Atmungsaktivität ist zwingend erforderlich für den Gasaustausch und den Abtransport von Wasserdampf, wie er unter einem Vlies entsteht. Andernfalls drohen, speziell in den Übergangszeiten des Herbstes und des Frühjahrs, Pilzinfektionen der Pflan-zen, wie der gefürchtete Grauschimmel (*Bo-trytis*). Wer als Winterschutz statt Vlies Folie (z. B. Luftpolsterfolie) verwendet, muss von Zeit zu Zeit lüften, damit das entstehende Schwitzwasser innen an der Folie ablaufen beziehungsweise verdunsten kann.

Strapazierfähigkeit bedeutet in diesem Kon-text die Stärke des Vliesmaterials. Ein Zweig-stummel von im Winter zurückgeschnittenen

Frostschutzheizkabel verhindern, dass die Wasserlei-tung einfriert. (www.biogreen.de)

Pflanzen soll schließlich nicht gleich das Vlies durchstoßen.

Und Waschbarkeit schlussendlich ist einfach nur nützlich und hygienisch: Es entfernt pflanzenschädliche Pilzsporen beispielsweise von Blattpilzen.

Mit einer großen Öffnung, mit Reiß- und Klettverschlüssen versehen, lassen sich Topf und Pflanze bequem in einen solchen „Ther-moplus Frostschutz" hineinstellen sowie aus ihm wieder herausnehmen.

(www.biogreen.de)

(www.biogreen.de)

(www.biogreen.de)

Frostfestigkeit besser verstehen

Im Gartenbeet eines konventionellen Gartens fest eingewurzelte Pflanzen vertragen üblicherweise besser Frost als solche in Pflanzgefäßen eines City Gartens mit seinen Töpfen und Kübeln, weil die frei wachsenden Gartenpflanzen tiefer wurzeln, als die nur wenige Zentimeter dicke Frostschicht des Oberbodens reicht. Bartblumen, Gartenkräuter, Glanzmispeln, Lavendel, Perovskien und Rosen sind Beispiele für Pflanzen, die im Beet eher mal frostempfindlich reagieren, die im Kübel bei Frostwetter umso eher einen Schutz vertragen oder sogar benötigen.

Ähnlich verhält es sich mit der tatsächlichen Frostfestigkeit einzelner Arten. Sind beispielsweise Zitronenverbenen in Südfrankreich bis unter −5 °C frostfest, so sollen sie in unseren Breiten nur bis −2 °C frostfest sein, halten oft aber nicht einmal 0 °C aus. Das gilt speziell für noch nicht abgehärtete Pflanzen im ersten Standjahr. Die tatsächliche Frostfestigkeit einer Pflanze hängt von einem Wechselspiel verschiedener Faktoren ab, zum Beispiel Pflanzenart und Herkunft, Alter der Pflanze, Pflanzengesundheit, Ernährungszustand, kleinklimatischer Standort, Art des Pflanzgefäßes, Kleinklima, Art des verwendeten Winterschutzes.

Viele Geräte können praktisch an Wandhacken aufgehängt und verstaut werden. (mediagram/fotolia.com)

Wann welche Kübelpflanzen einräumen?

Um auf Nummer sicher zu gehen, räumen Sie vor dem Frost Bougainvillea, Engelstrompete, Enzianbäumchen, Fuchsie, Geranie, Margerite, Roseneibisch und Wandelröschen ein.

Temperaturen um 0 °C ertragen eingewöhnte Exemplare von Zitrus, Bleiwurz, Gewürzrinde, Schonmalve, Südseemyrte und Zylinderputzer. Leichten Frost (bis ca. -5 °C) ertragen üblicherweise kräftigere, eingewohnte Exemplare von Aukube, Echter Zypresse, Erdbeerbaum, Italienischem Schneeball, Klebsame, Lorbeer, Ölbaum, Wollmispel und Zimmertanne.

Ordnung im Garten: schneller Gerätezugriff für leichteres und sicheres Arbeiten

„Gärtnern heißt, im Garten und an der Pflanze zur rechten Zeit das Richtige zu tun", so ein Sprichwort. Abgesehen von Ihrer womöglich ohnehin schon knappen Zeit, bleiben Ihnen für eine Reihe von gärtnerischen Arbeiten tatsächlich nur relativ kleine Zeitfenster. Mal eine Triebspitze mit Blattläusen nicht abgeschnitten – und schon haben die Tierchen den Rest der Pflanze besiedelt. Mal ein paar Schnecken nicht doch eben schnell abends noch abgelesen – und schon sind am anderen Morgen die Jungpflanzen abgefressen. Mal nicht zur erforderlichen Zeit gegossen oder aber das Überschusswasser aus dem Übertopf nicht entfernt – und schon ist die Pflanze hin.

Manche eigentlich meist schnell zu leistenden kleinen Handgriffe geschehen deswegen nicht, weil man zuerst die dazu erforderlichen Utensilien zusammensuchen muss. Unterstützen Sie Ihren Gartenerfolg durch Ord-nungssysteme im City Garten, so hat alles seinen festen Platz und ist ohne Umschweife jederzeit leicht verfügbar.

Ordnungssysteme bedeuten etwa Aufhängungen für Gartengeräte. Sie bedeuten Aufbewahrungsboxen oder Wandhängesysteme für Kleinutensilien, wie Messer, Scheren, Bindematerialien. Vergleichsweise günstig zu erwerben sind beispielsweise Boxen aus Kunststoff, wie sie zur wasserdichten Aufbewahrung von Auflagen für Gartenmöbel verwendet werden. In solchen Kisten bringen Sie auch Ihre Düngemittel trocken unter. Sehr nützlich sind auch komplette Arbeitstische mit Schubladen, die nicht nur geräumig Platz für vielerlei Aufbewahrungsmöglichkeiten bieten, sondern obendrein eine praktische Arbeitsplatte für Aussaat-, Pikier-, Umtopf- und andere wiederkehrende Arbeiten.

Auch die Anschaffung (und Anwendung!) von Schlauchwägen oder wandmontierten Schlauchrollern, die beide Ihrer Sicherheit dienen, lohnt sich und hilft, Ordnung zu halten: Zu viele Menschen sind schon über herumliegende Schläuche zu Fall gekommen. Ordnungssysteme bedeuten also auch: Arbeitssicherheit!

Mein Tipp

Statt jährlich neue Pflanzen zu kaufen, lohnt mit etwas Engagement und grünem Daumen auch die Überwinterung von zurückgeschnittenen Geranien, Fuchsien und vor allem Kübelkräutern. Je mehr Topf- und Kübelpflanzen Sie in einem eigenen Frostschutzgewächshaus unterbringen, desto eher rentiert sich seine Anschaffung.

Gemüse
satt

Vielfalt auf kleinstem Raum

Ob Küchenbalkon oder Hinterhofgarten, der Gemüseanbau sorgt für ein optisches wie auch kulinarisches Highlight. Die Zauberformel dafür heißt „Naschgemüse". Bei diesem Gemüse im Taschenformat handelt es sich um Sorten mit aromatischen kleinen Früchten, die sich zum Naschen und für kleine Mahlzeiten eignen.

Aller Anfang ist leicht

Die Gemüseminis sind bestens für das „Gärtnern ohne Garten" geeignet, denn ihnen wurden die Voraussetzungen für den Anbau in Balkonkästen und Kübeln von Anfang an in die genetische Wiege gelegt. Jetzt heißt es vor allem, die richtigen Sorten auszusuchen und einige grundsätzliche Anbauregeln berücksichtigen – und los geht's!

Die Vorkultur beginnt im Zimmer auf der Fensterbank, am besten in einer Jungpflanzenanzuchtstation (siehe S. 34), denn den Luxus eines Gartentreibhauses haben die wenigsten. Die Temperatur muss mindestens 18 °C betragen – auf einer Fensterbank mit Heizkörper darunter kein Problem! Und wer den Zeitpunkt für eine Aussaat verpasst hat, den bestraft nicht das Leben, denn in Gärtnereien und im Online-Pflanzenversand werden Jungpflanzen ab Mitte April angeboten. Sogar als fruchttragende Pflanzen sind sie in der Zeit von Juni bis August erhältlich.

Die richtige Erde macht's!

Wie man sich bettet, so liegt man! In puncto Gemüseanbau heißt das: Je zielführender gedüngt die Erde ist, desto kräftiger wächst das Gemüse. Für den Anbau in Gefäßen sollte jedes Jahr frische und neue Erde verwendet werden. Ansonsten riskieren Sie, dass sich Krankheiten oder Schädlinge, die sich im Vorjahr in der Erde eingenistet haben, auf die neuen Pflanzen übertragen. Eine gute Erde hat einen möglichst hohen Humusgehalt, denn dadurch werden die Nährstoffe gespeichert und die Erde bleibt locker und gut durchlüftet.

Viel Spaß bei der Aussaat

Saatgutkauf ist Vertrauenssache. Die vermeintliche Freude über ein günstiges Angebot kann schnell in Enttäuschung umschlagen. Lassen Sie sich nicht von bunten Bildchen verführen. Die Tüte eines Markensaatgutes muss alle wichtigen Angaben enthalten, um eine sichere Beurteilung zu ermöglichen. Achten Sie auf eine klare

Sortenbeschreibung: Ernte und Blühzeitpunkt, Form, Farbe, Krankheitsresistenz. Des Weiteren müssen Informationen wie Aussaatzeitpunkt, Saattiefe, Reihen- beziehungsweise Pflanzabstand, Erntezeitpunkt und Nährstoffbedarf der Pflanze auf der Saatguttüte stehen. Hochwertiges Saatgut, das neben Keimfähigkeit und Reinheit zusätzlich eine besonders starke Triebkraft des Keimlings besitzt, muss zum Schutz vor Licht, Luft und Feuchtigkeit in einer speziellen Keimschutzpackung abgefüllt sein.

Zur Grundausstattung gehört ein Fensterbankgewächshaus, bestehend aus einer wasserdichten Schale aus stabilem Kunststoff, Klarsichthaube und Anzuchttöpfchen, Anzuchterde und Pikierset.

Pflanzhauben bewahren Jungpflanzen vor Wind und Wetter. (tsach/fotolia.com)

Wann Sie welche Sorten aussäen können, das finden Sie in den Gemüseporträts und Kräuterporträts. Aber als Faustregel gilt: Ab März geht's los! Das oberste Motto bei der Aussaat heißt: Lieber zu weit als zu dicht säen. Da leider meist zu dicht gesät wird, muss nach dem Aufkommen der Pflanzen schweren Herzens das Zuviel wieder herausgerissen werden. Wird das nicht gemacht, entwickeln sich als Folge von zu dichten, nicht ausgedünnten Aussaaten magere, dünne und langaufgeschossene Pflanzen.

Und so wird gesät

Füllen Sie in den Anzuchtbehälter die Aussaaterde oder eine Mischung aus Torf und Sand. Keinen Dünger beimischen! Die Erde wird zunächst geglättet und leicht angedrückt. Mit einer feinen Brause, zum Beispiel einem Wäschesprenger, wird die Erde angefeuchtet. Aber bitte nicht klatschnass machen! Damit die Samen einzeln herausfallen, fassen Sie die Saattüte mit Daumen und Mittelfinger an und klopfen mit dem Zeigefinger leicht darauf. Der Samen wird vorsichtig angedrückt erforderlichenfalls bedeckt und gewässert.

Das richtige Fingerspitzengefühl ist beim Aussäen notwendig, da Samen zur Keimung Feuchtigkeit und Energie benötigen. Bei Samen, die zu flach ausgesät wurden, besteht die Gefahr, dass die dünne Bodenabdeckung austrocknet. Werden Samen zu tief in die Erde gedrückt, können sie Keimstängel und Keimblätter nur schwer der Sonne entgegenschicken. Viele verhungern deshalb nicht selten auf halbem Weg in der Erde. Da man leider dazu neigt, Samen zu tief abzulegen, sollte man für die ersten Aussaaten unbedingt den Zollstock einsetzen, bis man das richtige Fingerspitzengefühl für die Tiefe hat.

Die quellende Pflanzenwiege

Am beliebtesten für die Anzucht sind Torf-
quelltöpfe, die nur in Form einer Tablette in
die Anzuchtgewächshäuser ausgelegt und
mit lauwarmem Wasser übergossen werden.
Nach kürzester Zeit beginnen sie zu quellen
und es entsteht ein Pflanzenballen. Halt gibt
ein feinmaschiges Kunststoffnetz. Der Samen
muss nur noch in den Ballen gedrückt werden, Abdeckhaube darüber und ab geht's auf
die Fensterbank!
Statt ausgediente Eierkartons einfach wegzu-
werfen, sollten Sie sie bei der Anzucht von
Pflanzen als wichtige Hilfe nutzen. Sie sind
nicht nur umsonst, sondern haben den Vorteil, dass man darin Samen einzeln aussäen
kann. Sie ersparen sich so das zeitaufwen-
dige Pikieren. Außerdem müssen Sie beim
Auspflanzen des Nachwuchses den leicht
verrottbaren Becher nicht entfernen. Wichtig
ist, dass Sie bereits vor dem Füllen die einzelnen Becher vom Karton trennen – es erspart
Ihnen später größeren Aufwand. Ein Loch im
Becherboden verhindert Wasserstau.
Alter Samen hat oft nur noch eine geringe
Keimkraft. Wer es nicht vorzieht, alljährlich
neuen Samen zu kaufen, sollte deshalb Keim-
proben vornehmen. Zählen Sie von grobkör-
nigem Samen – wie z.B. Edelwicken – 10 Korn
aus, von kleinen Sämereien bis zu 50 Korn.

Mein Tipp

*Hartschalige Samen, z.B.
von Gurken, Kürbis, Erb-
sen, Bohnen können Sie
mit einem lauwarmen
Bad schneller zum Kei-
men bringen. Der Samen darf aber nur maximal
zwölf Stunden im Wasser liegen, damit er nicht
erstickt oder in Gärung übergeht. Übrigens:
Gurken lieben das Bad in der Milch!*

Geben Sie diese in Schalen, die mit ange-
feuchtetem Küchenpapier ausgelegt sind. Die
Schalen werden dann in die Nähe der Hei-
zung gestellt und mit einer Glasscheibe oder
Folie abgedeckt. Nach dem Keimen lässt sich
die Keimfähigkeit gut beurteilen. Sollte diese
etwas nachgelassen haben, dann werden die
Samen entweder dichter gesät oder aber weg-
geworfen und durch neues Saatgut ersetzt.

(www.biogreen.de)

(maljalen/fotolia.com)

(www.britishgarden.at)

Die hohe Kunst des Pikierens

Sobald die Pflänzchen gewachsen sind und nach den Keimblättern zwei Blattpaare ausgebildet haben, wird pikiert. Bevor Sie mit einem Löffelstiel oder einem Pikierstab das Jungpflänzchen vorsichtig aus der Erde heben, sollten Sie unbedingt das Anzuchtbeet noch etwas befeuchten. Achten Sie darauf, dass die Wurzeln ohne Krümmung in das vorbereitete Einzeltöpfchen kommen. Ist die Wurzel zu lang, wird sie passend eingekürzt. Das Abkneifen hat zudem den Vorteil, dass dadurch die seitlichen Verzweigungen der Wurzeln gestärkt werden.

Die Freiheit ruft

Bevor die Jungpflanzen ins Gartenbeet gepflanzt werden, müssen sie einige Tage zuvor abgehärtet werden. Stellen Sie sie an sonnigen Tagen für ein paar Stunden und halbschattig an die frische Luft. Wichtig ist, dass Sie die Pflänzchen abends wieder ins Haus holen. Achten Sie darauf, dass die Sonne und der Wind die Erde nicht austrocknen – regelmäßig befeuchten ist angesagt!

Benützen Sie zum Auspflanzen am besten ein Pflanzholz. Sobald das Pflanzloch fertig ist, wird das Pflänzchen eingesetzt. Auch jetzt dürfen die Wurzeln nicht umgeknickt werden. Wie beim Pikieren dürfen zu lange Wurzeln abgekniffen werden. Es gibt aber eine Ausnahme: den Kopfsalat! Er nimmt es übel, wenn die Wurzel gekürzt wird.

Achten Sie beim Auspflanzen auf den Pflanzabstand und setzen Sie die Pflänzchen so tief in die Erde, dass die Keimblätter fast bedeckt sind. Nur bei Kopfsalat und Kohlrabi müssen Sie aufpassen. Hier sollten die Jungpflanzen nicht so tief eingesetzt werden. Die Erde wird nun fest angedrückt. Kräftiges Angießen sorgt für optimalen Bodenschluss.

Beim Pikieren muss man sehr vorsichtig sein, um die jungen Triebe nicht zu verletzen. (LianeM/fotolia.com)

Umzug nur bei schlechtem Wetter

Suchen Sie sich zum Auspflanzen Ihrer „Ziehkinder" einen regnerisch trüben Tag aus und zwar nach den Eisheiligen (15. Mai). Das hat den Vorteil, dass Nachtfröste dann weitgehend der Vergangenheit angehören, unsere Jungpflanzen schneller wurzeln und Umstellungsschwierigkeiten vermieden werden. Bei warmem Sonnenwetter sollten Sie das Auspflanzen auf den Spätnachmittag verlegen. Dann können sich die Pflanzen während der Nacht und in den taufrischen Morgenstunden vom Umzugsstress erholen.

Frühbeet – das Kinderzimmer im Freien

Vier quer in den Boden eingelassene Bretter mit darübergelegten alten Fenstern genügen als Anzuchtfläche zur Vorkultur. Das Fenster bietet Schutz vor kaltem und nassem Wetter. Ab Mai ist der Kasten ohne Fenster ideal zur Anzucht von Blumen- und Staudensämereien. Vor dem Ausbringen der Samen muss der Boden bearbeitet werden, damit die Erde feinkrümelig ist. Damit es keine Verwechslungen beziehungsweise Überschneidungen gibt, wird das Saatbeet in Felder eingeteilt und sortenweise etikettiert.

Die Sache mit den lieben Nachbarn

Es kann das beste Gemüse nicht gedeihen, wenn es dem bösen Nachbarn nicht gefällt! Nützen Sie deshalb die Vielfalt von positiven Wechselwirkungen der Pflanzen untereinander aus. Die Zauberformel heißt Mischkultur. Die Duft- und Wirkstoffe der einzelnen Pflanzen sind wirksame Waffen in der Schädlingsbekämpfung, dienen aber auch gegenseitig als Stimulans für das Wachstum. In den Gemüseporträts (siehe S. 57) finden Sie einige Beispiel dazu.

Die Verwandtschaft lässt grüßen

Die „buckelige" Sippe macht nicht nur unsereinem zu schaffen, auch Gemüsepflanzen leiden unter dem Verwandtschaftsstress. Der wiederholte Anbau artverwandter Pflanzen, wie Blumenkohl, Rettich, Radieschen, Grünkohl (allesamt Kohlgewächse), führt in der Folge zu schlechten Ernteergebnissen, da der Boden durch die „einseitig familiäre Belastung" ausgelaugt und müde geworden ist. Zum Ernteverlust ist ein deutlich verstärkter Befall von Pilzen, Viren und Schädlingen zu beklagen. Abhilfe schafft nur der sogenannte Fruchtwechsel. Im Topf-Garten ist das zwar nicht ganz so schlimm, denn die Töpfe können weiter auseinander gestellt werden, und wenn immer neue Erde verwendet wird und die Töpfe jährlich gut gereinigt werden, ist das gute Gedeihen beinahe garantiert. Aber im Hochbeet und bei größeren Kübeln, müssen Sie unbedingt auf gute Nachbarschaft achten.

Papierbeete oder das Gemüsemanagement

Ein Gemüsejahr will vorbereitet sein. Damit die vorhandenen Balkonkästen, Hochbeete oder Kübel möglichst intensiv genutzt werden können, wird ein Anbauplan erstellt. Dazu zeichnet man die einzelnen Gemüsebeete auf ein Blatt Papier. In jedes dieser „Papierbeete" tragen Sie die vorgesehene Vor-, Haupt- und Nachkultur beziehungsweise die Zwischenkulturen ein. Außerdem sollten Sie auf jedem Beet den Bedarf an Pflanzen beziehungsweise Samen, die Pflanz- und Saatweite und die voraussichtliche Kulturdauer vermerken. Dieser Spickzettel erleichtert später die Arbeit.

Wenn Gemüse ohne Waffenschein schießt!

Zu Beginn des Frühsommers kommt es in vielen Beeten plötzlich zu „wilden Schießereien" – Pflanzen beginnen viel zu früh mit der Blütenbildung. Eine der Ursachen ist auf zu niedrige Temperaturen während der Pflanzenanzucht zurückzuführen. Deshalb: Halten Sie sich an die Aussaattermine, insbesondere bei der „Freilandaussaat" in Balkonkästen und Kübeln! Pflänzchen, die mit einem Vlies abgedeckt in die Gemüsesaison gehen, sind selten in „Schießereien" verwickelt.

Kartoffeln: Alles im Eimer!

Sie lieben Kartoffeln, Sie wollen endlich selbst die Knollen anbauen, aber Sie haben keinen Garten? Wo liegt das Problem? Ein kleiner Balkon reicht schon zum Erntespaß! Wenn Sie Ihre Kartoffeln im Frühling im Kübel, im Pflanzsack oder im Kartoffelturm

anbauen, können Sie schon im Frühsommer die ersten Knollen ernten.

Zutaten für den Kartoffelanbau

1. Balkon, Terrasse oder irgendein anderes Plätzchen unter freiem Himmel. Ideal wäre ein warmer und sonniger Standort.
2. Mindestens eine Kartoffel wird benötigt.
3. Bevorzugte Sorten: Linda, Bamberger Hörnchen und Blauer Schwede.
4. Mein Tipp: Kaufen Sie am besten vorsichtshalber Biokartoffeln, um sicherzugehen, dass die Knollen nicht mit keimhemmenden Mitteln behandelt wurden.
5. Etwa fünf Liter Blähtonkügelchen für die Dränageschicht.
6. 15 Liter Blumenerde.
7. 15 Liter Komposterde.
8. Gefäß: Einen etwa 50 Zentimeter hohen Topf, Kunststoffkübel, Sack oder eine Holzkiste, mit einem Volumen von mindestens 30 Liter.

In Pflanzsäcken wachsen Kartoffeln, in Topfpyramiden lassen sich platzsparend Erdbeeren & Co. anbauen. Alles für den Balkon. (jeangill/stockphoto.com)

Die Zubereitung

Befüllen Sie das Gefäß zunächst mit einer etwa drei Finger hohen Dränageschicht aus Kies oder Blähton. Anschließend füllen Sie etwa eine 15 Zentimeter dicke Schicht als Mischung von Blumen- und Komposterde ein. Mischen Sie auch eine Handvoll Sand ein!

Auf diese erste Erdschicht legen Sie – je nach Gefäßgröße – drei bis fünf Pflanzkartoffeln aus. Zwischen den Kartoffeln sollte ein Abstand von einer Fingerlänge sein, also rund acht Zentimeter.

Ideal wäre es, wenn die Kartoffeln beim Setzen bereits begonnen hätten auszutreiben. Das beschleunigt die Ernte. Falls nicht, den grünen Daumen einsetzen – nämlich die Geduld!

Mein Tipp: Um die Keimung zu beschleunigen, kann man die Knollen schon ab Ende Februar an einem hellen Ort bei 12 bis 15 °C für etwa zwei Wochen vorkeimen lassen.

Auf den Kartoffeln verteilen Sie wieder Erde. Lassen Sie die Kartoffeln keimen. Sobald das Blattgrün auf etwa 10 bis 15 Zentimeter Höhe gewachsen ist, füllen Sie wieder so viel Erde auf, dass nur das oberste Grün herausspitzt. Dieses „Auffüllen" so oft wiederholen, bis das Gefäß bis zum oberen Rand mit Erde gefüllt ist.
So bilden sich mehrere Lagen neuer Kartoffelknollen, die etwa 100 Tage nach dem Pflanzen erntereif sind. Achten Sie darauf, dass die Erde nicht austrocknet. Bitte die Pflanzen regelmäßig gießen, vor allem bei sehr heißer und trockener Witterung. Kartoffelpflanzen verdunsten viel Wasser und haben im Kübel nur einen eingeschränkten Wurzelraum.

Mein Tipp: Gießen Sie bitte nicht mit eiskaltem Leitungswasser. Selbst eine harte Kartoffel kann auf solche Kälteschockbehandlung beleidigt reagieren – die Krankeitsanfälligkeit wird enorm erhöht!

Die Pflanzzeit

Frühe Kartoffelsorten können bereits ab Ende März gepflanzt werden, mittelfrühe Sorten erst ab Mitte April. Da Kartoffeln frostempfindlich sind und im Frühjahr bis Mitte Mai Spätfröste drohen, deckt man das Kartoffelbeet in frostigen Nächten mit einem Vlies oder einer Folie oder mit Kokosfaserdecken ab, damit das Laub nicht erfriert.

Erntezeit

Nach ungefähr 100 Tagen sind die Kartoffeln reif, dann nämlich, wenn das Laub gelb wird und anfängt zu welken. Nun können Sie die Früchte Ihres Mühens ernten und genießen.

Mein Tipp

Reissäcke – die es meist kostenlos in Asialäden gibt – sind ideal für den Kartoffelanbau, da sie wasser- und luftdurchlässig sind. Zunächst in den Sackboden ein paar Löcher schneiden, damit das Gieß- und Regenwasser besser austreten kann und keine Staunässe entsteht. Die Ränder des Sacks umkrempeln und bis auf etwa 20 Zentimeter Kragenhöhe hinunterrollen. So kommt möglichst viel Licht an die Pflanze, wenn sie noch klein ist.

Die Himmelsrichtung entscheidet über den Gemüseplan!

| Gemüse | Standort | | Ja 🟢 | | Nein 🔴 | | | |

Gemüse	Nord	Süd	Ost	West	Sonne	Halb-schatten	Schatten	Wind-schutz
Aubergine	🔴	🟢	🟢	🟢	🟢	🟢 🔴	🔴	⚫
Bohne	🔴	🟢	🟢	🟢	🟢	🟢	🔴	🟢
Gurke	🟢 🔴	🔴	🟢	🟢	🔴	🟢	🟢 🔴	🟢
Mangold	🔴	🟢	🟢	🟢	🟢	🟢	🔴	🟢 🔴
Möhre	🔴	🟢	🟢	🟢	🟢		🔴	🟢
Paprika	🔴	🟢	🟢	🟢	🟢	🟢 🔴	🔴	🟢
Radieschen	🔴	🟢	🟢	🟢	🟢	🟢 🔴	🔴	🔴
Rote Bete	🔴	🟢	🟢	🟢	🟢	🟢	🔴	🔴
Salat	🟢	🟢	🟢	🟢	🟢	🟢	🟢 🔴	🔴
Tomate	🔴	🟢	🟢	🟢	🟢	🟢 🔴	🔴	🟢
Zuchhini	🔴	🟢	🟢	🟢	🟢		🔴	🔴
Zuckererbse	🔴	🟢	🟢	🟢	🟢	🟢	🔴	🟢

Auf Nordseitenbalkonen kann man das Gemüsegärtnern fast vergessen, Ostausrichtungen und untere Etagen sind eine Herausforderung, vierter Stock und sonnenverwöhnte Südwestseite sind also auch beim Gärtnern ohne Garten das Optimum.

Sorte	Sorten-Hinweise	Gärtnerische & Verwendungshinweise

Aubergine
(A. Modery)

Eine ideale Sorte für die Auberginen-ernte im Topf ist Ophelia F1.
Dornenlose Pflanzen bringen eine Viel-zahl dunkler, 80 g schwerer Früchte. Mit dem silbrigen Laub und den vio-letten Blüten eine attraktive Pflanze, die später einen großen Erntespaß garantiert.

Die Aubergine mag einen sonnigen, windgeschützten Standort und wächst buschig etwa einen guten Meter hoch. Verwendung: Gut in Kombination mit Paprika, Zucchini oder Tomaten. Kann auf dem Grill, im Backofen und in der Pfanne zubereitet werden.

Bohne
(mb-fotos/stockphoto.com)

Buschbohnen:
Empfehlenswert ist zum Beispiel die Sorte `Maxi´. Ihre Hülsen hängen frei über dem Laub. Man erkennt leicht, wann die Bohnen reif sind. Zudem las-sen sie sich leicht pflücken. 'Doublette' besitzt eine gute Resistenz gegen Pilz-krankheiten und Viren.

Kletterbohnen: 'Neckarkönigin' hat lange, runde und fadenlose Hülsen. Sie ist widerstandsfähig, gesund und resis-tent gegen Bohnenmosaikvirus.

Bohnenpflanzen gestalten mit ihren Blüten und dem Blattwerk den Balkon und setzen farbige Akzente.
Buschbohnen sind besonders für Kübel geeignet, weil sie nur 30 bis 40 Zenti-meter hoch werden.
Aussaat: Fünf Samen werden zusammen zwei Zentimeter tief in die Erde gesetzt. Verwendung: Für Salate, Gemüsebeila-ge; auch zum Einfrieren geeeignet. Kletterbohnen benötigen eine Rank-hilfe zum Klettern. Die Samen werden etwa drei Zentimeter tief gesät, sechs bis acht Körner werden in kreisförmige Rillen um eine Stange gelegt. Verwendung: für Eintöpfe, als Gemüse-beilage, für Aufläufe

Gurke
(A. Modery)

Die knackigen, glatten Gurken der Sorte 'Ministar' F1 sind vollaromatisch, saftig und ohne lästige Kerne. Dank der dünnen Schale können sie gepflückt und sofort gegessen werden. Frucht-größe zehn Zentimeter! Die Neuheit ist resistent gegen Gurkenkrankheiten und ist ertragreich.
Die Snackgurke „Picolino' F1 ist eine schlanke Gurke mit einem angenehm süßlich knackigen Fruchtfleisch und dünner, glatter Haut. Die acht bis zehn Zentimeter langen Gurken sollten möglichst jung geerntet werden, dann schmecken sie am besten.

Aussaat: Mitte März Anzucht in Töpfen im Haus oder Jungpflanzen beim Gärt-ner kaufen.
Gießen Sie Ihre Gurkenpflanzen nie mit kaltem Wasser! Regelmäßige Was-sergaben, vor allem von Juli bis Mitte August, sind wichtig. Gurken mögen ein feuchtes Klima, vertragen aber keine Staunässe. Um das Wachstum anzuregen und den Ertrag zu erhöhen, werden die Seitentriebe auf etwa fünf Blütenstände eingekürzt.
Verwendung: für Salat, als Gemüse, in Suppen

Mangold
(Maksim Shebeko/Fotolia.com)

Die Mangoldsorte 'Bright Lights' hat kräftige Stiele in Rot, Orange, Rosa, Gelb.
Die Pflanzen vertragen leichte Fröste. Je tiefer die Nachttemperatur, desto intensiver entwickeln sich die Farben. Diese Mangoldsorte erfreut daher be-sonders am Ende des Gartenjahrs.

Aussaat: Fensterbank/Freiland, von März bis Mai.
Keimung: 10 bis 14 Tage bei 15 bis 20 °C.
Abstand: 25 x 45 Zentimeter.
Ernte: Juni bis Oktober.

Verwendung: Die Blätter kann man wie Spinat zubereiten.

Sorte	Sorten-Hinweise	Gärtnerische & Verwendungshinweise
 **Möhre** (Visions-AD/Fotolia.com)	Die Sorte 'Dicke Pariser' Ist eine runde bis plattrunde, rötlich bis gelborange Karotte mit hervorragendem Geschmack.	Aussaat: März bis Juni, Ernte: nach 60 Tagen. Wächst in der vollen Sonne und im Halbschatten. Nicht zu viel gießen! Verwendung: als Rohkost, Gemüse, für Salate
 **Paprika & Chili** (Ytpo/stockphoto.com)	Paprika: Die zuckersüßen Paprikafrüchte der Sorte 'Delipap' sprießen regelrecht aus der Hängepflanze und bieten so im Sommer immer eine reichliche Ernte zum Naschen. Knackig frisch und gleichzeitig sehr hübsch anzusehen. Die neuen Minipaprika „Rot & Gelb" sind richtige Snack-Paprika! Aufgrund der kleinen Größe eignen sie sich perfekt für jede Brotzeit: knackig, fruchtig, süß. Weitere empfehlenswerte Sorten: 'Snacky', 'Jerricho' Empfehlenswerte Chilisorten: 'Starflame' F1, 'Gorria', 'De Cayenne', 'Piccante'	Paprika und Chili: Die erste Knospe, die sogenannte Königsblüte in der unteren Zweiggabelung ausbrechen, das fördert die Blütenbildung. Gleichmäßig feucht halten. Viel Sonne! Verwendung: Für Rohkost (z. B. zu Käse), als Snack und in Würfeln oder Streifen in Salaten, Suppen aller Art. Man kann Paprika auch in Suppen verwenden und einfrieren. Chili: Das Höllenfeuer wird durch den Gehalt an Capsaicin entfacht. Tipp: Die Kerne und Trennwände enthalten am meisten Capsaicin. Die Schärfe lässt sich abmildern, wenn Sie diese vor dem Kochen entfernen.
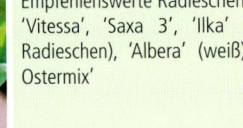 **Radieschen** (Alexander Raths/fotolia.com)	Empfehlenswerte Radieschensorten: 'Vitessa', 'Saxa 3', 'Ilka' (orange Radieschen), 'Albera' (weiß), 'Bunter Ostermix'	Aussaat: Von März bis Oktober; Aussaattiefe max. ein Zentimeter. Damit sich die Knollen ordentlich entwickeln, Pflanzabstand von fünf Zentimeter nach der Blattausbildung unbedingt einhalten. Ernte: von April bis November. Auf ausreichende und gleichmäßige Wasserzufuhr achten, dies ist entscheidend für Keimung und Schärfe der Radieschen und verhindert das Patzen. Verwendung: zum Frischverzehr, zum Garnieren und für Salate.
 **Rote Bete** (Candy 1812/Fotolia.com)	Empfehlenswerte Sorten: 'Rhonda', 'Bhoro' Die Sorte 'Cylindra' ist kinderleicht auf der Fensterbank zu ziehen. Einfach Beutel öffnen und die Samen auf die Aussaaterde streuen. Nach einigen Tagen keimen sie. Die Sprossen können einige Tage später geerntet werden.	Aussaat: Anfang Mai gleich in die vorgesehenen, ausreichend großen Töpfe. Immer ausreichend gießen, sonst reißen die Knollen. Verwendung: gekocht zum Einmachen, für Salate und als Beilage zu Fisch- und Fleischgerichten

Sorte	Sorten-Hinweise	Gärtnerische & Verwendungshinweise
 **Salat** (Pflück- und Schnittsalat) (focus finder/fotolia.com)	Für Einsteiger eignen sich Pflücksalate! `Babyleaf-Mix` Saat-Teppich bildet keine Köpfe und entwickelt sich innerhalb von vier bis fünf Wochen. Robust und widerstandsfähig ist der Pflücksalat `Teide` gegen ungünstige Witterung. Schnittsalat z. B. Salatsorten `Lollo Rosso` (rot, fein gezähnte Blätter), `Lollo Bionda` (grün), `Salad Bowl` (grüner Eichblattsalat) und `Red Salad Bowl` (roter Eichblattsalat).	Aussaat: Samen einfach an den Erdboden anpressen und gut feucht halten. Auspflanzen: Salat muss beim Pflanzen „im Winde wehen", sonst tritt leicht Fäulnis auf. Erdpresstopf der Jungpflanze nur leicht in den lockeren Boden drücken. Ernte Pflücksalat: Einmal säen, mehrfach ernten, dabei nur die äußeren Blätter pflücken. Von Mai bis zum Frost ernten. Verwendung: für Salate
 **Tomate** (A. Modery)	Tomaten sind die Klassiker unter dem Balkongemüse. Besonders gut eignen sich zwar die kleinen Cherrytomaten, aber auch größere Sorten können auf dem Balkon angebaut werden. Cocktail-Tomate® 'Vita' F1, Heartbreakers® 'Dora' F1, Heartbreakers® 'Vallery' F1, 'Sturdy Jo' Cocktailtomate 'Losetto' F1. Pflaumen-Tomate 'Dolly' F1, 'Dasher' F1.	Aussaat: 0,5 Zentimeter tief in Schalen, leicht andrücken, mit Erde bedecken, hell stellen und feucht halten; pikieren. Ab Mitte Mai in Balkonkasten/Kübel auspflanzen. Liebt sonnige, warme, geschützte Standorte und tiefgründig lockere, humose Böden. Kontinuierlich feucht halten und düngen. Holzstab oder Ähnliches zum Anbinden neben die Pflanze stecken. Seitentriebe ausbrechen. Verwendung: frisch, für Salate, Suppen, Aufläufe
 **Zucchini** (Donatella Tandelli/fotolia.com)	Zucchini ‚Eight Ball' F1 mit runden, ballförmigen Früchten wächst buschig. Bei ständiger Ernte erscheinen die grünen Früchte in großer Zahl. Sie erreichen einen Durchmesser von etwa acht Zentimeter. Jung gepflückt schmecken sie besonders zart. 'Black Beauty' ist eine starkwüchsige, reich tragende Zucchinisorte mit länglichen, geraden, glänzend dunkelgrünen Früchten. Je reifer sie werden, desto dunkler werden sie.	Aussaat: 1-2 cm tief mit 2 Samen je Pflanzstelle, leicht andrücken und feucht halten. Auf eine Pflanze je Pflanzstelle vereinzeln. Liebt warmen, sonnigen Standort und humosen, nährstoffreichen, feuchten Boden mit Stallmist oder Kompostanteil. Zucchini brauchen einen großen Kübel (rund 30 Liter) und sehr viel Dünger. Verwendung: gefüllt, in Brot oder Kuchen, als Suppe, püriert als Mus
 **Zuckerschote/Zuckererbse** (LianeM/Fotolia.com)	Die Sorte ‚Delikata' kann als Kaiserschote mit Hülsen gegessen oder wie üblich ausgepalt werden. Resistent gegen Echten Mehltau! Die Pflanzen der Zuckererbse ‚Delikata' werden ca. 75 Zentimeter hoch und reifen mittelspät. Zuckererbse ‚Ambrosia' mit fleischigen Hülsen und süßem Geschmack. Sind die Samen noch nicht entwickelt, können die ganzen Hülsen geerntet werden, danach entwickeln sich mittelgroße, besonders süße Erbsen.	Aussaat: Mai Ernte: bis zum Oktober Probieren Sie die Zuckerschoten als leckeres Naschgemüse, das auch in größeren Gefäßen auf Balkon und Terrasse gedeiht. Aufleiten an Schnüren oder Draht ist wichtig, damit sich die Pflanzen voll entwickeln können. Verwendung: als Naschgemüse oder Gemüsebeilage, z. B. zu Fleisch- oder Reisgerichten

Naschfrüchte
ohne Ende

Obst ernten auf Balkon und Terrasse

Obst aus dem eigenen Garten, da schwingt allzu gern der Gedanke an üppige Apfel- oder Kirschbäume in Großvaters Garten mit – samt Großmutters Erdbeerbeet, Beerensträucher und langer Himbeerhecke. Dieses Kapitel zeigt Ihnen, wie Sie üppige Obsternten auch beim Gärtnern ohne Garten erzielen können.

Was darf's denn sein - und wie viel davon?

Vorausgesetzt, Sie gehen es von vornherein richtig an, können Sie jede Menge Obst auf Balkon und Dachterrasse ernten. Wählen Sie solche Obstsorten aus, die für den Anbau auf Balkon und Terrasse mit ihren jeweils besonderen Wachstumsbedingungen geeignet sind. Gartencenter und Gärtnereien bieten hier spezielle, für die Kultur in Kübeln passende Obstarten und -sorten an.

Augen zu – und losgeträumt!

Sollen Äpfel, Birnen, Kirschen in Ihrem City Garten wachsen? Sollen Erdbeeren, Himbeeren, Stachel- und Brombeeren dabei sein? Oder doch lieber sonnig-südliches Flair, mit Aprikosen und Pfirsichen, Weintrauben, Feigen, Brasilianischer Guave? Wählen Sie zunächst einmal völlig unzensiert all das Obst aus, das Ihnen Spaß macht und schmeckt. Im zweiten Schritt überführen Sie Ihre Auswahl in eine konkrete Sortenauswahl und Pflanzenbedarfsmenge. Hilfestellungen grundsätzlicher Art finden Sie dazu bei den nachfolgend aufgelisteten Obstarten. Allerdings liefern alte und junge Obstpflanzen abhängig von Witterungsverlauf, Standort und Pflegezustand unterschiedlich große Erntemengen, was die hier gemachten Angaben relativiert. Zumindest aber haben Sie damit in etwa eine Kalkulationshilfe, die ohnehin mit der Anzahl der Personen im Haushalt sowie Ihren Vorlieben und Verzehrgewohnheiten in Einklang gebracht werden muss. Schlussendlich muss die Pflanzenauswahlliste nach Menge und Wuchshöhe noch durch das Nadelöhr des verfügbaren Platzes passen. Sollten Sie sich bei Ihrer Entscheidungsfindung zwischen der einen oder anderen Möchtegernvariante nicht recht entscheiden können, dann haben Sie einfach einen Blick darauf, welches Obst davon möglicherweise schwieriger oder teurer als frisches Erntegut zu beschaffen ist. Wählen Sie dann für den Eigenanbau dasjenige, das von Ihnen einfacher und preiswerter selbst angebaut werden kann.

Zwei wichtige Voraussetzungen

„Geht schon – irgendwie", das gilt nicht für den Obstanbau. Ganz so, wie sich Hund und Katze in den jeweiligen Lebensansprüchen unterscheiden, so gibt es ebenso beim Anbau von Apfel und Birne spezielle Dinge der „artgerechten Haltung" zu beachten, desgleichen für Erdbeere, Blaubeere oder auch Weinrebe und alle anderen Obstarten. Im Folgenden finden Sie deshalb nun nützliche Informationen sowie Sorten- und Artenbeschreibungen.

Viele Obstgehölze wurden extra für die Kultivierung in Kübeln gezüchtet. (www.haeberli-beeren.com)

Die richtige Größe für Topf und Kübel

Um einen Zwergobstbaum langjährig erfolgreich zu kultivieren, braucht er ausreichend Wurzelraum. Etwa 30 Liter Kübelvolumen sind für einen solchen Zwergobstbaum eine sinnvolle Größenordnung. Ziehen Sie ein Pflanzgefäß mit Wasservorrat einem solchen ohne immer vor, das ist besser für die erforderliche gleichmäßige Pflanzenversorgung, und es erleichtert Ihnen die spätere Gießpflege erheblich. Kunststoffgefäße haben gegenüber Steingut, Steinzeug und Terrakotten ein geringeres Eigengewicht, aber dazu gleich mehr. Speziell nicht glasierte beziehungsweise silikonisierte Terrakottagefäße verdunsten über ihre Seitenwände recht viel Wasser. Der Wasserverbrauch der darin wachsenden Pflanze ist demnach deutlich größer. Achten Sie beim Einkauf also nicht auf Terrakotta-Billigpreise, sondern auf die Details der ausgelobten Qualitäten (siehe S. 37). Es dient der Sauberkeit des Standorts und der leichteren Gießpflege gleichermaßen, wenn Sie für die Pflanzgefäße die passenden Untersetzer gleich mitkaufen. Ebenso miterwerben sollten Sie bei Pflanzgefäßen mit Bodenablauf für Überschusswasser sogenannte „Füßchen". Diese bringen Sie zwischen Gefäßboden und Untersetzer beziehungsweise Boden an, damit Überschusswasser jederzeit zuverlässig abfließen kann. Dadurch werden übernässte Pflanzen und so die Gefahr von Wurzelschäden bis hin zum Absterben der Pflanzen verhindert, genauso wie geplatzte Pflanzgefäße.

Machen Sie es sich leicht

Bei Hochstämmchen und höher wachsenden Obstarten sind klassische Pflanzgefäße richtig, in denen Ihnen die Obstgehölze buchstäblich entgegenwachsen. Für den Anbau von Obstarten zu denen man sich üblicherweise hinunterbücken muss, wie Erdbeeren,

Preiselbeeren, Rhabarber, kann die Anschaffung eines Hochbeets vorteilhafter sein. Das speziell dann, wenn Sie Mischkulturen anwenden und darin diese Obstarten gemeinsam mit Kräutern und Gemüsen anbauen.

Warum die Erdauswahl so wichtig ist

Es reicht nicht aus, die Pflanzgefäße einfach nur mit irgendetwas als Pflanzerde zu befüllen und das Obst dort hineinzupflanzen. Pflanzerde ist immer eine Melange aus verschiedenen Komponenten. Was da im Einzelnen wozu ist, das zu erläutern würde an dieser Stelle zu weit führen. Fakt ist allemal: Wählen Sie eine möglichst mineralhaltige Qualitätspflanzerde mit reichlich Tonanteil. Der hohe Tonanteil steht praktisch gleichbedeutend für eine gleichmäßigere Pflanzenversorgung. Die Tonteilchen können nämlich Dünger und Wasser anlagern und gleichmäßig abgeben.

Im Winter allerdings verlangt dieser grundsätzliche Vorteil zugleich, dass Überschusswasser aus einem Pflanzgefäß zuverlässig abfließen kann. Und je mineralhaltiger die Pflanzerde ist, desto seltener müssen Sie davon im Laufe der Zeit nachfüllen.

Safety first – speziell im Balkon- und Terrassenobstgarten

Die Standplatzsicherheit des Obsttopfgartens kann dadurch erhöht werden, dass man den Schwerpunkt des Topf- und Pflanzengewichts nach unten verlagert, denn das erhöht die Kippsicherheit. Legen Sie dazu noch vor dem Bepflanzen des Kübels einige schwere Steine (wie Großkiesel oder kleine Findlinge) auf den Topfboden. Beachten Sie: Diese an sich probate Maßnahme erhöht die Gewichtsbelastung des Standortquadratmeters.

(www.haeberli-beeren.ch)   (www.haeberli-beeren.ch)   (LianeM/fotolia.com)

Eigengewicht, Erdgewicht, Wasser in der Erde und im Vorratstank, dazu das Obstgehölz samt erntereifem Obst – pro Quadratmeter Standplatz kommen da schnell einige Kilogramm Gewicht pro Topf zusammen. Dann noch einmal alle Pflanzen eines Topfobstgartens zusammengezählt: Haben Sie stets das ungefähre Gesamtgewicht all dessen vor Augen, wenn Sie den dafür passenden Standort wählen.

Schwere Last

Bei Regenwasserspeichern können Sie mit einem Gesamtgewicht von einer Tonne pro 1000 Liter Wasser rechnen, plus Gefäßeigengewicht. Terrassen müssen das Gesamtgewicht dann nämlich ebenso tragen können wie Balkone, zuzüglich des Gewichts der Personen, die sich dazwischen tummeln. Etwa 250 Kilogramm zulässiges Gesamtgewicht eines Balkonquadratmeters, etwa

300 Kilogramm zulässiges Gesamtgewicht eines Dachterrassenquadratmeters dürfen Sie nicht überschreiten. Es ist deshalb nicht verkehrt, sich vor der Anlage des Topfobstgartens mit einem Architekten beziehungsweise einer Statikerin in Verbindung zu setzen, bevor der Balkon ungewollt in die Tiefe rauscht …

Speziell beim Bestücken von Umrandungen eines Balkons oder einer Dachterrasse sowie beim Aufstellen von Pflanzgefäßen auf Simsen und in Nischen gilt doppelte Vorsicht: Es gibt eine Reihe von Gründen, warum Pflanzgefäße von dort hinunterfallen und in die Tiefe stürzen könnten. Lassen Sie es nicht so weit kommen und sichern Sie Topf und Pflanzen durch Anbinden oder mit Drahtklammern. Materialien, die Sie dazu verwenden, sollten nur langsam verrotten, damit sie nicht reißen. Haben Sie ein Auge darauf und arbeiten Sie erforderlichenfalls frühzeitig nach. Sie haben die Haftung: Ihnen obliegt

Ein klassischer Naschbalkon hält jede Menge frisches Obst bereit. (www.haeberli-beeren.ch)

die Verkehrssicherungspflicht für alle von Ihnen aufgestellten Pflanzgefäße. Das bedeutet im Ernstfall, vor Gericht: Sie müssen Gefahrensituationen bis hin zum Unwetter vorausschauend ins Kalkül gezogen und alles Erdenkliche dafür getan haben, Schaden für Dritte vorgebeugt zu haben.

Das kleine Pflege 1x1

Halten Sie die Erde der Obstgehölze gleichmäßig leicht feucht: speziell im Wachstum und in der Fruchtreife, aber auch während der Einwinterung, damit sie auch dann nicht vertrocknen. Es sollte immer mit umgebungstemperiertem Wasser, also im Sommer mit nicht zu kaltem, im Winter zu warmem Leitungswasser gegossen werden. Am besten gibt man das Gießwasser über einen Untersetzer. So haben Sie Kontrolle über die tatsächlich aufgenommene Wassermenge und ausgeschwemmte Nährstoffe werden mit einem folgenden Gießgang wieder aufgenommen. In der frostfreien Zeit entlastet Sie beim Gießen die Installation einer computergesteuerten automatischen Bewässerung.

Obst richtig düngen

Obst in Pflanzgefäßen richtig zu düngen bedeutet, jedem Gehölz Ende März bis Anfang April etwa 60 Gramm pro Quadratmeter Volldünger zu geben. Ein Pflanzgefäß mit 50 Zentimeter Durchmesser bildet etwa einen Viertelquadratmeter ab, erhält also etwa 15 Gramm Volldünger, was in etwa einem gestrichenen Esslöffel voll entspricht. Egal zu welchem Dünger Sie greifen, befolgen Sie immer die Herstellerangaben. Achten Sie vor allem bei organischen Düngern darauf, nicht einseitig, also zum Beispiel stickstoffbetont mit Hornspänen zu düngen, sondern immer einen organischen Volldünger zu verwenden. Weil organische Volldünger immer

erst von der Bodenflora pflanzenverfügbar zersetzt werden müssen, werden sie etwa drei Wochen früher als ein Volldünger verabreicht. Eine kräftigere Düngung und gleichzeitige Bodenbelebung bieten sogenannte organisch-mineralische Dünger. Um sich in der Düngung zu entlasten, können Sie einen Langzeitdünger anwenden, der in der Regel sechs bis neun Monate kontinuierlich Nährstoffe an die Pflanzen abgibt. Bringen Sie dazu etwa drei Gramm pro Liter Erdvolumen tief in die Topferde ein. Für Verfechter der Flüssigdüngung: Einen Esslöffel Volldünger in warmem Wasser auflösen und in einer 10-Liter-Kanne Gießwasser einrühren. Damit von April bis August vierzehntägig erddurchdringend gießen.

Äpfel und Birnen von Balkon und Terrasse

Sparen Sie nicht an der Topfgröße, denn so schlank und rank der Apfel- oder Birnenbaum auch bleiben mag: Auf ein ausreichendes Erdvolumen sind die Pflanzen für ihre Nahrungs- und vor allem Wasserversorgung dennoch angewiesen. Spindelbäume sind in Topfgrößen um 50 Liter sinnvoll aufgehoben, für Miniobstbäume reichen Töpfe um 25 bis 30 Liter Volumen.

Mein Tipp

Auch durch das Anbringen von Regenwasserspeichern und automatischen Bewässerungsanlagen kann, wenn einmal etwas ausläuft, möglicherweise Schaden für Sie oder auch Dritte verursacht werden. Deshalb sollte man auch hier immer und sicherheitshalber einen „doppelten Boden" vorsehen.

Stellen Sie mit dem Einpflanzen der Bäume sicher, dass dabei die Veredelungsstelle – das ist der Knubbel am Stamm, etwas oberhalb der Wurzeln – oberhalb der Erde verbleibt. Stellen sie beide Obstarten jeweils sonnig auf und speziell Apfelbäume gerne dort, wo ein wenig Wind geht, ohne dass Zugluft im Spiel ist. Das trocknet die Blätter ab und beugt Pilzbefall, wie Apfelschorf oder Apfelmehltau, vor. Pilzfeste Sorten anzubauen, ist – wie bei allen Obstarten – immer von Vorteil.

Pflege rund ums Jahr

Haben sich die Blütenknospen geöffnet und droht dann Frost, müssen sie vor dem Erfrieren geschützt werden: Bei anhaltendem Frostwetter lohnt es sich, das Bäumchen noch einmal mit Frostschutzvlies einzuhüllen. Droht

Wer muss da noch in Urlaub fahren? Zitrusbäumchen wachsen auch auf in großen Töpfen. (GoodMood Photo/fotolia.com)

nur eine einzelne Frostnacht, besprüht man am Abend den Baum oder Strauch rundum tropfnass mit Wasser. Unter dem sich bildenden Eis sind die Blüten frostgeschützt.

Im Frühjahr stehen Schnitt und Düngung an. Am einfachsten sind Miniobstbäume zu schneiden, denn bei ihnen beschränkt sich der Rückschnitt alljährlich im Spätwinter auf das Einkürzen vorwitziger, das heißt aus der kleinen Baumform unschön herauswachsender Zweige. Und darauf, im Laufe der Jahre sehr dicht gewordene Verzweigungen dadurch zu verjüngen, dass alles zu dicht stehende Zweigwerk ausgelichtet wird. Sogenannte Buschformen erziehen Sie am einfachsten zu einer sogenannten „Spindel". Diese Schnitttechnik ist zwar etwas aufwendiger, aber erlernbar. Am besten besuchen Sie einen Obstbaumschnittkurs ihres Obst- und Gartenbauvereins oder recherchieren eine Schnittanleitung (Suchbegriff: Spindelerziehung) im Internet.

Apfel- und Birnbäume brauchen nur an exponierter Stelle die Ummantelung mit Winterschutz.

Steinobst – Früchte des Sommergartens

Kirschen, Pflaumen und Zwetschgen, dazu Aprikosen, Pfirsiche und Nektarinen – all diese Steinobstsorten lassen sich auch in Kübeln im City Garten pflegen. Dabei passen zunächst einmal Bäumchen, die so veredelt sind, dass sie nur schwach bis mäßig wachsen. Noch einfacher ist die Obstbaumpflege, wenn Sie bei der Sortenwahl auf ausgewiesene Minis zurückgreifen (siehe S. 90).

Beste Pflege

Für das Steinobst gilt in Sachen Pflanzung, Pflege und Versorgung im Wesentlichen das Gleiche wie für Äpfel und Birnen. Generell ist Steinobst im Schnitt unkomplizierter als Kernobst, bei dem es sehr gezielt darauf ankommt, immer neues, junges und besser tragendes Fruchtholz durch sachgemäßen Schnitt zu produzieren. Steinobst wird, verglichen damit, durch den Aufbau von Tragästen mit Frucht tragenden Zweigen und durch gelegentliche Auslichtungsschnitte eigentlich nur sanft geleitet.

Weil Kirschen, Pfirsiche und Nektarinen eine gewisse Empfindlichkeit gegen bestimmte Blattpilzerkrankungen haben – bei Kirsche ist es die Schrotschusskrankheit, bei Pfirsich und Nektarine die Kräuselkrankheit –, stellen Sie diese Pflanzen am besten so auf, dass ihre Blätter auch bei Niederschlägen möglichst nicht bis wenig benetzt werden, beziehungsweise so luftig, dass sie rasch wieder abtrocknen. Dasselbe gilt für Sauerkirschen und Aprikosen im Hinblick auf die Triebspitzenwelke, die auch unter ihrem lateinischen Namen *Monilia* bekannt ist.

Süße Mandeln selbst ernten

An warmen Stellen im City Garten können Sie neben Kern- und Steinobst auch Süßmandeln im Kübel anpflanzen. Pflanztöpfe um 30 Liter und mit Wasserreservoir sind für die Süßmandelbäumchen anfangs gut geeignet, zusammen mit einem mineralischen Pflanzsubstrat. Eine Düngung mit einem Volldünger, etwa 60 Gramm pro Quadratmeter, ist empfehlenswert. Alle zwei Jahre muss außerdem umgetopft werden. Weil diese Pflanze leichte Minusfröste sehr gut verträgt, kann sie im Freien in einer mobilen Orangerie, zum Beispiel „Tropical Island" (siehe S. 51), überwintern, dessen Frostschutzwächter lediglich vor Frösten unter etwa –5 °C schützen muss. In einer Garage können Süßmandeln auch überwintern. Dort kann die Temperatur um die –5 bis 10 °C liegen.

Beerengarten über den Dächern der Stadt

Beerensträucher lohnen ganz besonders den Anbau: Sie sind weitgehend unkompliziert in der Pflege und ergiebig im Ertrag.

Johannisbeere + Stachelbeere = Jostabeere

Der Juli ist der Erntemonat der Johannisbeeren und Stachelbeeren sowie der Kreuzung beider, der Jostabeeren. Im City Garten ohne seine Beete und Böden lassen sie sich in Pflanzgefäßen mit etwa 20 Litern recht gut pflegen, in einem mineralischen Substrat.

(www.haeberli-beeren.ch)   *(www.haeberli-beeren.com)*   *(www.haeberli-beeren.com)*

Eher kleinerwüchsig sind die Stachelbeeren, mäßig wüchsig sind rote und weiße Johannisbeeren, stärker wüchsig die schwarzfruchtigen Johannisbeeren, am wuchsfreudigsten ist die Jostabeere. Statt Strauchformen können Sie bei Johannis- und Stachelbeeren auf Stämmchen mit kleinen Kronen zurückgreifen. Bevorzugen Sie bei der Sortenauswahl von Stachelbeeren pilzfeste Sorten, denn speziell alte Stachelbeersorten sind sehr empfänglich für den Amerikanischen Stachelbeermehltau. Geben Sie den Beeren einen sonnigen bis halb- und wechselschattigen Standplatz. Alle drei Beerenarten werden nach demselben Prinzip verjüngt, um neue Fruchttriebe anzuregen: Entfernen Sie alte, dicke, dunkle Triebe zugunsten von hellen Jungtrieben. Von denen aber schneiden Sie alle zu dünnen und zu dicht stehenden heraus. Gedüngt wird mit 40 Gramm pro Quadratmeter Volldünger im März, plus 20 Gramm pro Quadratmeter direkt nach der Ernte.

Himbeeren – ein Aroma zum Verlieben

Unterscheiden Sie bei den Himbeeren die sommertragenden und die im Herbst tragenden Sorten. Bei sommertragenden entfernen Sie im Herbst die abgeernteten Ruten, belassen aber die Jungtriebe als Fruchtrute des Folgejahres. Die Ruten der herbsttragenden Sorten schneiden Sie im November bodeneben ab und lassen die Fruchttriebe ab Frühjahr neu wachsen. Himbeerkübel sollen ab 20 Liter groß sein und müssen mit organischem, leicht saurem Substrat befüllt sein. Himbeeren benötigen leichte Bodenfeuchte,

Rote und weiße Johannisbeeren an einem Strauch; das gibt es wirklich. (www.haeberli-beeren.ch)

halbschattige Stellplätze und eine Düngung mit 60 Gramm pro Quadratmeter Beerendünger Ende März.

Aronia – das schwarze Wunder

Aronien sind Wildobstpflanzen mit stark färbenden dunklen Beeren. Sie eignen sich eher für die Verarbeitung als zum roh Essen, haben aber einen sehr hohen gesundheitlichen Wert, weil die Früchte Antioxidanzien enthalten sollen. Da sie durch Rückschnitt gut zu regulieren sind, langt für sie ein 20-Liter-Pflanzgefäß. Aronien blühen im Mai und fruchten im August und September. Gedüngt wird mit 50 Gramm pro Quadratmeter Volldünger Mitte März.

Sibirische Blaubeere – neu und schon so beliebt

Diese blaufruchtige Beerenneuheit, die auch unter dem Namen Maibeere bekannt ist, ist für Kübel ab 20 Liter Volumen geeignet, mineralisches Substrat ist eine Bedingung für gutes Wachstum. Der Strauch erreicht eine Höhe bis anderthalb Meter und blüht schon im März. Mit Fruchtreife Ende Mai überraschen Sibirische Blaubeeren mit der frühesten Beerenernte im City Garten. Mit Blaubeeren sind diese Pflanzen nicht verwandt, ihre leckeren Früchte erinnern im Geschmack aber an sie. Pflanzen Sie für besseren Fruchtertrag immer zwei Sorten miteinander (s. Tabelle S. 51) und halten Sie die Sträucher im Sommer gleichmäßig feucht. Gedüngt wird 30 Gramm pro Quadratmeter Beerendünger Anfang März. Lichten Sie die Sträucher zur Förderung neuer Fruchttriebe alle zwei Jahre aus.

Mein Tipp

Bereiten Sie doch einmal selbst gemachten Hagebuttentee zu. Aber wundern Sie sich nicht: Aus getrockneten Fruchtschalen der Hagebuttenrose selbst gemachter Tee färbt nicht rot. Die typische Farbe dieses Tees stammt aus Hibiskusblütenblättern. Mit Blütenblättern der Schwarzen Stockrose kann Hagebuttentee auch gefärbt werden.

Hagebuttenrose – Blütenbringer und Vitaminspender

Es erscheint zunächst als ungewöhnlich, gerade eine Wildrose im City-Garten in Kultur zu nehmen. Der Grund es doch zu tun, leuchtet schnell ein: Es entwickeln sich sehr viele Hagebutten, die vor Vitamin C und Mineralstoffen nur so strotzen. In einem Pflanzkübel um 30 Liter Volumen gedeiht die Wildrose, die ausgewachsen zwei Meter Höhe und Breite erreicht. Rosen sind Tiefwurzler, sie brauchen daher einen hohen Pflanztopf sowie mineralische, eher kalkhaltige Pflanzerde. Im Juni übersät von Blüten, fruchtet diese Hagebuttenrose (siehe S. 51) ebenso stark ab August. Hagebuttenrosen benötigen kräftige Düngung. Alle zwei Jahre ist im März ein Auslichtungsschnitt sinnvoll, bei dem Sie die ältesten, dicken Triebe entfernen und den jungen Platz machen.

Erdbeeren? Ein Muss im City Garten!

Erdbeeren wollen den vollsonnigen bis halbschattigen, aber speziell vor Spätfrösten geschützten Standort. Als Pflanzerde verwenden Sie eine tonhaltige Qualitätserde. Für Erdbeeren gibt es zwei Pflanzzeiten: Juli bis September für die Sommerpflanzung, Mitte März bis Mitte Mai für die Frühjahrspflanzung.

Die Brombeere 'Dorman Red' für Balkon und Terrasse. (www.haeberli-beeren.ch)

Die Brombeersorte 'Reuben' wächst ebenfalls gut im Kübel. (www.haeberli-beeren.ch)

'Josee' ist eine balkontaugliche Erdbeersorte. (www.haeberli-beeren.ch)

Himbeeren wie die Sorte 'Alpengold' benötigen ein Klettergerüst. (www.haeberli-beeren.ch)

Die Rebsorte 'Himrod' benötigt einen sonnigen Standort. (www.haeberli-beeren.ch)

Schönheit und Nutzen vereint die Rose. (Andrea Wilhelm/fotolia.com)

Je früher Sie zu diesen Zeiten pflanzen, desto kräftiger entwickeln sich die Jungpflanzen. Für die Bepflanzung von Hochbeeten etwa, gilt dieser Abstand: 20 bis 30 Zentimeter in der Reihe, Reihenabstand 50 bis 80 Zentimeter. Das bedeutet: 25 Erdbeerpflanzen benötigen etwa sechs Quadratmeter Beetfläche. Gießen Sie die Erdbeerpflanzen nach dem Pflanzen fortlaufend bis zum Anwachsen. Halten Sie sie im Frühjahr vom Knospenschieben bis zur Fruchtausbildung gleichmäßig feucht. Benetzen Sie beim Wässern Laub, Früchte und „Herz" tunlichst nicht. Am leichtesten gelingt das mit einer installierten Tröpfchenbewässerung. Erdbeeren reagieren empfindlich auf Trockenheit und Staunässe.

Erdbeeren sind salzempfindlich, düngen Sie sie daher am besten organisch. Betonen Sie bei der Düngung Phosphor und Kalium. Bei zu starker Stickstoffdüngung schießen die Erdbeerpflanzen zulasten weniger Blütenbildung ins Kraut. Die erste Düngergabe erfolgt drei Wochen nach der Pflanzung bei beginnendem Austrieb. Die zweite Gabe geben Sie im August/September – nach der Ernte, aber vor der Knospenbildung für das Folgejahr. Arbeiten Sie dann jeweils 50 bis 70 Gramm pro Quadratmeter organischen Beerendünger leicht in den Boden ein.

So schneiden Sie Erdbeerpflanzen richtig: Entfernen Sie entstehende Ranken bei Gartenerdbeeren frühzeitig (nicht bei Kletter- und Hängeerdbeeren!). Nach der Ernte, aber vor September, ist zur Vorbeugung von Blattpilzkrankheiten im Bestand ein Laubschnitt zu empfehlen. Entfernen Sie dabei altes rotes, krankes und trockenes Laub.

Geben Sie Ihren Erdbeerpflanzen in Hochbeeten und Pflanzgefäßen einen Winterschutz durch ein aufgelegtes Vlies, speziell ab dem Knospenschieben sind Erdbeeren frostempfindlich. Kontrollieren Sie die Erdbeerpflanzen im Winter auf ausreichend sachte Bodenfeuchte, dass sie nicht vertrocknen.

Die Leckerbeeren aus dem Moor

So unterschiedlich sie in Aussehen, Geschmack und Verwendung auch sind, vereint Heidelbeeren und Preiselbeeren dennoch eine gemeinsame Eigenschaft: Sie wachsen in feuchtem, saurem Boden. Für Ihren City Garten nutzen Sie allerdings nicht die flach als Bodendecker wachsende heimische Heidelbeere, sondern eine amerikanische Verwandte. Die ist großfruchtig und wächst erntebequem strauchförmig. Heidelbeeren und Preiselbeeren sind grundsätzlich selbstfruchtbar. Für bessere Ernten aber pflanzen Sie möglichst zwei oder mehr Sorten im Mix (s. Tabelle), wobei eine Fremdsorte als Befruchtungsverbesserer für bis zu fünf Exemplare Ihrer eigentlichen Wunschsorte ausreicht. Pflanzen Sie beide Beerenarten in reinen Torf, den Sie im Verhältnis 2:1 mit Sand vermengen. Und zwar so, dass der Erdballen der Pflanze etwa 5 cm mit Substrat bedeckt ist. Geben Sie alljährlich im Frühjahr 1-2 Zentimeter frisches Substrat auf die Wurzeln, weil sich Torf zersetzt. Das Pflanzgefäß für Strauchheidelbeeren ist mindestens 20 Liter groß, in ausreichend großen Pflanzgefäßen können sie diese Pflanzen flächendeckend mit Preiselbeeren unterpflanzen. Um gleichbleibende Bodenfeuchte sicherzustellen, rate ich für diese Pflanzengruppe zur Installation einer automatischen Bewässerung, wahlweise zur Pflanzung in Gefäße mit Wasserreservoir.

Geben Sie immer nur kalkarmes Wasser, denn Heidelbeeren und Preiselbeeren wollen saure Bodenverhältnisse, unter pH 5. Beide Beerenarten düngen Sie aus demselben Grund am besten mit Rhododendrondünger aus dem Fachhandel, entsprechend der Gebrauchsanweisung beziehungsweise als Anhaltspunkt für Sie mit 60 Gramm Düngermenge. Das entspricht etwa drei Esslöffeln, gestrichen voll. Regelmäßiger Schnitt beider Beerenarten ist nicht erforderlich. Im Laufe der Zeit entfernen Sie lediglich zu dicht stehende Zweige der Heidelbeerpflanzen sowie entstehendes Totholz und erkranktes, zum Beispiel Triebspitzenwelke. Bester Standort ist für beide Beeren in Ihrem City Garten der helle und warme Halb- oder Wechselschatten. Schützen Sie die reifenden Früchte recht-

zeitig durch Schutznetze vor Vogelfraß. Winterschutz durch einen Kübelpflanzensack mit Topfschutz ist für beide Beeren nützlich.

Gartengenüsse auf dem Weg nach oben

Unter den Naschobstpflanzen im City Garten gibt es einige, speziell die kletternden Pflanzen, die Wände bedecken oder als Sichtschutz fungieren können. Je nach gewünschter Wuchsstärke greifen Sie hierbei auf Brombeere oder Gojibeere, Kiwi oder Weinrebe zurück.

Es gibt jede Menge Töpfe für das Balkongeländer, in denen Erdbeeren wunderbar gedeihen.
(Heike Rau/fotolia.com)

Schwarz und saftig – Brombeeren

Brombeeren sind für die halb- und wechselschattigen Lagen des City Gartens geeignet. Volle Sonne vertragen sie grundsätzlich auch, dann aber benötigen Sie den „feuchten Fuß", aber ohne Staunässe, bitte! Rechteckige Pflanzgefäße sind für alle kletternden Pflanzen gut geeignet, weil man sie näher an eine zu berankende Wand heranschieben kann. Das Pflanzgefäß sollte einen Wasservorrat haben oder an eine automatische Bewässerung angeschlossen sein, als Erde nehmen Sie eine tonhaltige Pflanzerde, die zu einem Drittel mit Blähton vermengt wird. Topfgröße: 30 bis 50 Liter, Düngeempfehlung: 60 Gramm pro Quadratmeter Beerendünger pro Jahr, auszubringen Ende März.

Die Pflege

Üblicherweise tragen Brombeeren an den Ruten des Vorjahres. Das bedeutet konkret Folgendes: Schwächer wachsende Sorten erziehen Sie am Fächer, stärker wachsende als Palmette. Für die Fächererziehung binden Sie die drei bis sechs stärksten Ruten der Pflanze fächerförmig an waagerecht gespannte Drähte (Abstand der Drähte vom Boden 60, 120 und 180 Zentimeter). Überlänge eines Triebs schneiden Sie ab. Bei der Palmettenerziehung an ebenso gespannten drei Drähten binden Sie jeweils zwei Brombeerruten an einen Draht: eine der beiden Ruten nach links gewendet, die andere in Gegenrichtung. Kürzen Sie jede angebundene Rute auf etwa zwei Meter Länge ein. Schneiden Sie die abgeernteten Ruten ab und binden Sie die Neutriebe für die kommende Ernte auf.
Brombeeren im Kübel, speziell die immergrünen Sorten, benötigen eine Vliesabdeckung während des Winters und gelegentlich eine Wassergabe, die sie im Winter nicht vertrocknen lässt.

Wenn Sie den Aufwand des Aufbindens Scheuen: Inzwischen gibt es Brombeersorten, die am einjährigen Trieb fruchten. Deren abgetragene Ruten schneidet man einfach im Herbst ab und lässt die neuen durchtreiben, die dann im August fruchten (siehe Tabelle, S. 51).

Gojibeere – ein Hauch Asia

Gojibeeren werden in Asien als ein Gesundbrunnen angesehen, was ihren Hype auch hierzulande begründet hat. Sie wachsen kräftig und bilden meterlange bedornte Triebe, die man regelmäßig schneiden muss. Schneiden Sie Jungpflanzen zunächst auf 60 Zentimeter zurück, damit sich die Pflanze verzweigt. Davon werden die sechs kräftigsten Triebe ausgewählt und, wie bei der Brombeere beschrieben, palmettenartig an Drähte angebunden. Abgetragene Ruten schneidet man ab, Jungruten werden wieder angebunden. Goji blüht im Juni und Juli und fruchtet im August und September. Zur Ernte der bedornten Zweige einfach ein Tuch unterlegen und die reifen Früchte abschütteln. Pflanzung und Versorgung werden wie bei der Brombeere gehandhabt.

Kiwi – verkannte Massenträger

Zwei Kiwiarten sind von Bedeutung. Die eine ist die großfruchtige mit behaarter Fruchtschale, die Sie aus dem Supermarkt kennen – Kiwi eben. Die andere ist glattschalig und nur beerengroß: die Beeren-Kiwi, die auch als Stachelbeer-Kiwi bezeichnet wird. Beide sind starkwüchsig. Die grundsätzliche Versorgung geschieht adäquat zu der für Brombeeren beschriebenen. Beide Kiwis ziehen kalkarmen Boden und kalkarmes Gießwasser vor.

Anders hingegen sind Pflanzenerziehung und Schnitt. Zum Grundverständnis: Kiwis und Beeren-Kiwis bilden zunächst lange Ruten aus. Aus denen verzweigen sich im Folgejahr Jungtriebe, an deren Basis die Blüten und später die Früchte erscheinen.

Erziehung, Schnitt und Ernte

Bilden Sie ein Drahtgerüst, wie bei den Brombeeren (siehe S. 81) empfohlen. Ziehen Sie daran einen Kiwi- bzw. Beeren-Kiwitrieb senkrecht bis auf 180 Zentimeter Höhe und schneiden Sie alles Längere ab. Von den

Die bunten Farben sorgen für gute Laune.
(Patrizia Tilly/fotolia.com)

im Folgejahr entstehenden Seitentrieben binden Sie sechs Stück waagerecht an einen Draht: links drei, rechts drei. Kürzen Sie diese Triebe auf acht bis zehn Blätter (nach den Früchten beginnend gezählt) ein. Im folgenden Frühjahr, Anfang März, wird die jeweils abgetragene Rute auf zwei Knospen zurückgeschnitten. Daraus entstehen wiederum zwei neue Triebe. Davon wählen Sie den stärkeren und binden ihn wieder an einen Draht, den schwächeren Trieb entfernen Sie. In den folgenden Jahren wiederholen Sie die Arbeiten dann.

Die Ernte der Kiwis und Beeren-Kiwis erfolgt im Oktober: Kiwis um die Zeit des ersten Frosts, Beeren-Kiwis dann, wenn sie weich zu werden beginnen. Weil die Pflanzen in Kübeln stehen, ist ein Winterschutz in Form eines Vlieses sinnvoll. Speziell die Austriebe sind spätfrostgefährdet.

Reben – Tafeltrauben wie noch nie

Konzentrieren Sie sich beim Anbau von Reben im City Garten auf die Kultur von Tafeltrauben, weil sie größere und schmackhaftere Beeren als Weinreben ausbilden. Reben sind für den Anbau in Höhenlagen bis zu 700 Meter noch geeignet. Kernarme oder sogar kernlose Rebsorten lohnen den Anbau, da sie speziell von Kindern bevorzugt gegessen werden. Die grundsätzliche Versorgung der Rebe im Kübel kann mit der für Brombeeren beschriebenen gleichgesetzt werden. Reben ziehen kalkhaltigen Boden und kalkhaltiges Gießwasser vor. Achten Sie bei der Pflanzung der Rebe darauf, dass sie tief gepflanzt wird: Die Veredelungsstelle schaut gerade eben aus dem Boden heraus.

Erziehung und Ernte

Die Erziehung der Rebe können Sie nach Anleitung des Kiwischnitts vornehmen. Als

„Starter" in Sachen Reben funktioniert's auch so: Den Trieb der gekauften Jungrebe an einen waagerecht gezogenen Draht anbinden. Im Folgejahr die entstehenden Seitentriebe an einem zweiten, 70 Zentimeter über dem ersten parallel verlaufenden Draht senkrecht anbinden. Im dritten Jahr, Ende Februar, diese senkrecht gewachsenen Triebe auf zwei Knospen zurückschneiden. Jetzt wachsen aus den Knospen Zweige, die Sie wiederum senkrecht am oberen Draht fixieren und an deren Basis im Juni Blütenstände erblühen, die im September Tafeltrauben tragen.

Im Sommer stehen so genannte Laubarbeiten an der Rebe an: Entfernen Sie überzählige Triebe im Mai und Juni ganz. Lenken Sie die Jungtriebe durch Anbinden ab einer Länge von etwa 30 Zentimeter in die gewünschte Richtung. Kürzen Sie die fruchttragenden Triebe Ende August nach dem achten Blatt über der Frucht ein, Seitentriebe auf drei bis fünf Knospen.

Die Eiligen

Im City Garten dürfen zwei einjährig genutzte Naschpflanzen nicht fehlen: Andenbeere und Melonenbirne.

Andenbeeren kultiviert man ähnlich wie Tomaten. Als Pflanzgefäß ist ein 10-Liter-Topf, besser aber ein Pflanztopf mit Wasserspeicher angeraten, weil Andenbeeren empfind-

Mein Tipp

Für Reben sind regelmäßige Spritzungen mit umweltfreundlichen Mitteln gegen Mehltau wichtig, sonst kann das Laub der Reben samt Ernte verderben. Sogenannte ROBUSTAREBEN® sind allerdings recht tolerant gegen Blattkrankheiten. Sie können zwar auch Mehltau bekommen. Der Befall tritt bei ihnen üblicherweise erst spät im Jahr auf, was der Erntequalität dann aber nichts mehr anhaben kann.

lich auf Ballentrockenheit reagieren. Weil die Triebe der Pflanze eine Kletterhilfe wollen, ist die Kultur in einer Growbox am einfachsten. Als Pflanzsubstrat verwenden Sie eine tonhaltige Qualitätsblumenerde, der schon beim Pflanzen 3 Gramm pro Liter Langzeitdünger untergemischt wird. Ins Freie kommen die frostempfindlichen Stauden erst nach den Eisheiligen. Obwohl Staude, also mehrjährig, wird die Andenbeere einjährig genutzt.

(PhotoSG/fotolia.com)   *(Patryssia/fotolia.com)*   *(www.haeberli-beeren.ch)*

Sollten Sie über sehr helle, kühle Überwinterungsmöglichkeiten um etwa 5 °C verfügen, können Sie die Andenbeere vor Frostbeginn auf 30 Zentimeter Höhe zurückschneiden, überwintern und im darauffolgenden Frühjahr frisch topfen und antreiben. Nach Mitte Mai in den Garten gestellt, entwickelt sich die Andenbeere üblicherweise mehrtriebig. Binden Sie die Triebe in etwa fächerförmig an einer Kletterhilfe an. Ausgeizen – so, wie Sie es von Tomatenpflanzen kennen – müssen Sie die Triebe nicht. Die Wärme liebende Andenbeere wächst stärker und fruchtet reicher und geschmacksintensiver, wenn sie in einem Minigewächshaus untergebracht wird. Melonenbirnen haben eine melonenähnliche Konsistenz des Fruchtfleisches, das Aussehen ihrer Früchte erinnert an Birnen, eher noch an Romana-Tomaten. So erklärt sich der Name der Pflanze. Für ihre Kultur und Überwinterung gilt im Wesentlichen das hier für die Andenbeere Gesagte. Allerdings mit

dem Unterschied, dass Melonenbirnen typische Ampelpflanzen sind. Ampeln mit Wasserspeicher beziehungsweise solche mit automatischer Bewässerung versehen, sind für Melonenbirnen empfehlenswert.

Multi-Kulti im City Garten

Gerade im City Garten mit seinem urbanen Charakter und seinen üblicherweise in Kübeln gehaltenen Pflanzenschätzen bietet es sich an, einige interessante Exoten mit leckeren Früchten einzuplanen.

Brasilianische Guave

Schon die weiß-roten Blütenblätter der im Mai bis Juni an dieser Pflanze erscheinenden Blüten sind zum Naschen, sie schmecken süßlich. Erfrischend pikant schmecken ihre

Die Früchte des Erdbeerbaums werden mit Schale gegessen. (Marnel Tomic´/fotolia.com)

Früchte, nach Erdbeere, Ananas und Guave. Dieser Exot ist als Kübelpflanze verbreitet anzutreffen, wählen Sie aber für einen besseren Fruchtertrag entsprechende Selektionen mit ausgeprägter Selbstfruchtbarkeit. Brasilianische Guaven benötigen einen sonnig heißen Standplatz, vertragen Hitze und etwas Wind recht gut. Empfindlich reagieren sie auf Ballentrockenheit, weswegen sie auf gleichbleibend leichte Bodenfeuchte angewiesen sind. Pflanztöpfe um 20 bis 30 Liter und mit Wasserreservoir sind für die Sträucher gut geeignet, zusammen mit einem mineralischen Pflanzsubstrat. Empfehlenswert ist eine Düngung mit Volldünger, etwa 50 Gramm pro Quadratmeter. Weil diese Pflanze Minusgrade sehr gut verträgt, kann sie im Freien in einer mobilen Orangerie überwintern dessen Frostschutzwächter lediglich vor Frösten unter −5 °C schützen muss. Ansonsten erfolgt die Überwinterung sehr hell, bei etwa 5 bis 10 °C. Brasilianische Guaven verzweigen schlecht, sind aber gut schnittverträglich, um sie durch Einkürzen passender Zweige buschiger zu bekommen. Auch den starken Rückschnitt bis ins alte Holz vertragen sie gut. Wo es besser passt, können Sie von dieser Pflanze statt Sträuchern auch Stämme ziehen. Alle zwei Jahre umtopfen.

Chinesische Dattel

Dieser Asiat bildet an Datteln erinnernde Früchte, die Sie ab Anfang bis Mitte Oktober noch vor der Vollreife grün und knackig ernten können. Zu diesem Zeitpunkt schmecken sie süßlich. Später, in Vollreife, erinnern sie in Geschmack und Konsistenz an Datteln. Mit ihren gefiedert anmutenden glänzenden Blättern ist der im Alter fliedergroße Strauch, wahlweise Kleinbaum, hübsch anzuschauen. Weiße Miniblüten erscheinen an ihm ab Mitte Juni. In der Pflege entspricht die Chinesische Dattel der Brasilianischen Guave.

Erdbeerbaum

Spätherbsternte (Anfang November bis Mitte Dezember) der kugelrunden roten, optisch ein wenig an Erdbeeren erinnernden Früchte auch an dieser immergrünen Mediterranenpflanze. Deren weißes Fruchtfleisch schmeckt süßlich. Allzu viele von ihnen mag man roh aber selten essen, weswegen sie auch für Marmeladen und Liköre gerne Verwendung finden. Die typische Macchia-Pflanze verträgt von Haus aus volle Hitze. Im City Garten im Kübel gepflegt, gilt es aber, Ballentrockenheit zu vermeiden. Ein windgeschützter warmer Standort und ein Pflanzgefäß mit Wasserreservoir sind dazu sinnvoll. Einmal richtig trocken gewordene Pflanzen erholen sich nicht mehr recht. Pflege, Versorgung und Überwinterung ansonsten ähnlich der Brasilianischen Guave (s. o.). Allerdings verträgt der Erdbeerbaum weniger gut den starken Beschnitt. Pflanzenschutz gegen Schild- und Wollläuse kann erforderlich sein.

Mein Tipp

Andenbeeren können auch in einer Growbox kultiviert werden: Unterpflanzen Sie die Andenbeeren dann mit Melonenbirnen. Als weiterer Unterpflanzungspartner eignen sich klein und kompakt wachsende Sorten von Balkontomaten oder auch Chilis. So nutzen Sie den Platz mehrfach aus und haben gleich doppelten Genuss.

Granatapfel

Stattliche anderthalb Meter Höhe und Breite erreichen Granatapfelsträucher. Wie alte Abbildungen bereits aus dem Ägypten der Pharaonenzeit ausweisen, werden diese mediterranen Pflanzen schon seit sehr langer Zeit in Kübeln gepflegt. In Pflanzgefäßen eines City Gartens erreichen deren Früchte immerhin noch eine Größe von bis zu zehn Zentimeter. Die von saftigem Fruchtfleisch umgebenen Kerne darin eignen sich damit allemal noch zum Naschen und für die Küchenverwendung. Es dauert mit fünf bis sieben Monaten vergleichsweise lang, bis die Granatapfelfrüchte erntereif geworden sind. Granatäpfel sind selbstfruchtbar. Pflege, Versorgung und Überwinterung ansonsten ähnlich der Brasilianischen Guave (siehe S. 84). Granatapfelsträucher sind sehr gut schnittverträglich.

Kaki

Kakipflanzen ergeben feine Dessertfrüchte an langsam wachsenden, aparten Kleinbäumen. Kakis sind selbstfruchtbar – und sogar jungfernfruchtig. Die gelben Blüten müssen also nicht zwingend bestäubt werden und haben in diesem Fall keine Kerne. Ab Ende Oktober und bis Mitte November sind die herangewachsenen, zunächst noch festen Kakifrüchte erntereif. Belassen Sie die Früchte möglichst bis zu ihrer Vollreife am Baum. Das Fruchtfleisch lässt sich dann mit dem Finger leicht ein wenig eindrücken. Erst danach lässt man sie bei Zimmertemperatur in der Obstschale noch etwas nachreifen. Pflege, Versorgung und Überwinterung der Kakipflanzen sind ähnlich der Brasilianischen Guave (siehe S. 84).

Versuchen Sie es doch einmal mit etwas ganz Besonderem, z. B. dem Anbau von Pistazien wie der Sorte 'Napoletana'. (www.haeberli-beeren.ch)

Pistazie

Bis Pistazien mit ihren weithin beliebten Nüssen die ersten Früchte tragen, vergehen nach der Pflanzung rund vier Jahre, denn die Pflanze wächst langsam. Zudem werden für einen Ertrag weibliche und männliche Pflanzen benötigt, denn Pistazien sind zweihäusig. Ein männlicher Baum reicht aus für die natürliche Befruchtung von etwa drei bis fünf weiblichen Bäumen. Weil Pistazien ein recht enges Zeitfenster von nur wenigen Tagen für ihre Befruchtung haben, lohnt es sich, die Bestäubung mithilfe eines Pinsels von Hand vorzunehmen. Die Samen reifen binnen etwa vier Monaten. Verwenden Sie für den Anbau von eigenen Pistazien im City Garten ausschließlich veredelte Pflanzen, um in den Genuss definierter Sorteneigenschaften zu kommen, welche Sämlingspflanzen Ihnen nicht bieten können. Pflege, Versorgung und Überwinterung der Pistazienpflanzen sind ansonsten ähnlich der Brasilianischen Guave (siehe S. 84). Allerdings ist speziell zu beachten, dass Pistazien vergleichsweise nässeempfindlich sind. Gießen Sie sie daher mäßig und lassen

Mit ein wenig Glück, Wärme und guter Pflege entwickelt der Granatapfel Blüten und Früchte. (www.haeberli-beeren.ch)

Sie die Oberfläche des Erdballens bis zum nächsten Gießen ein wenig antrocknen. Weil Pistazien in Trieben und Wurzeln nur langsam wachsen, werden sie auch nur etwa alle drei, vier Jahre umgetopft.

Kübelpflanzen überwintern

Kübelpflanzen wie die hier genannten zu überwintern, kann wegen ihrer Größe, Topfgröße und damit insgesamt schwierigen Transportierbarkeit eine Herausforderung sein. Und gerade bei mehreren Pflanzen zusammen ist es kostenaufwändig, sie beim Gärtner zu überwintern. Überwinterung im Freien wäre also wünschenswert und ist machbar. Inzwischen nämlich gibt es auf dem Markt mobile Orangerien (zum Beispiel Tropical Island), die wesentliche Vorteile haben. Gilt schon die alte Gärtnerregel „Kübelpflanzen so spät wie möglich einräumen und so früh wie möglich zurück ins Freie räumen", können die in diesem Kapitel beschriebenen Exoten am einfachsten in einer solchen mobilen Orangerie in Ihrem City Garten überwintern. Hier stehen sie in lichtarmer Zeit so hell wie möglich, und leichten Frost vertragen sie allemal. In den meist ohnehin nicht sehr lange dauernden Perioden mit strengem Frost bringen elektrisch, mit Gas oder Paraffin betriebene Gewächshausheizungen die Temperaturen in der Orangerie auf pflanzenverträgliche Werte um den Gefrierpunkt.

Der Traum vom Süden –
live im City Garten

Keine anderen Fruchtpflanzen stehen so sehr für mediterranen Lifestyle wie Feigen und Zitronen und auch Limetten. So gedeihen sie auch bei Ihnen:

Feigen richtig pflegen

Wählen Sie für Feigen ein Pflanzgefäß zwischen 30 und 50 Litern, am besten eines mit Wasserreservoir. Als Pflanzsubstrat dient eine tonhaltige Qualitätserde, bevorzugt eine stark mineralische mit viel Bims. Erforderlichenfalls mischen Sie der Erde ein Drittel Lehm und Blähton bei, um sie mineralischer zu bekommen. Ausreichende Wasserversorgung immer vorausgesetzt, will die Feige den warmen, windgeschützten Standort in voller Sonne. Sie wächst kräftig und braucht deshalb auch viele Nährstoffe: 60 Gramm pro Quadratmeter Volldünger gibt man Ende März.

Junge Pflanzen mit ihren noch wenigen Trieben stutzen Sie anfangs während ihres Austriebs ein bis zwei Mal. So wird die Feige buschiger und fruchtet reichhaltiger. Um die Pflanze licht zu halten, entfernen Sie aber die dünnen, nur stricknadeldicken Zweige. Etwa fünf bis sieben sich verzweigende Hauptäste geben der Pflanze eine passende Grundstruktur, je nach Kübelgröße. An den Trieben erscheinen pro Jahr bis zu drei Austriebe mit Fruchtbildungen. Üblicherweise kommen davon nur ein (im Juli/August) bis zwei (dann noch mal im Oktober) zur Reife.

Zitruspflanzen gedeihen auf der Südseite am besten. Im Winter müssen Sie mit ins Haus genommen werden. (www.haeberli-beeren.ch)

Feigen überwintern

Feigensorten für den City Garten sind üblicherweise leicht frostverträglich. Allerdings sind Feigen im Kübel generell frostempfindlicher als ausgepflanzte und im Boden fest eingewurzelte. Räumen Sie Ihre Feigen daher ab etwa 0 bis –5 °C Außentemperatur ins Winterquartier, wo Sie sie bei 0 bis 10 Grad überwintern. Bei sehr heller Überwinterung behält die Pflanze ihr Laub. Generell, aber besonders dann müssen Sie Sorge tragen, dass die Pflanze sacht gewässert wird. Sind im März keine strengen Fröste mehr zu erwarten, können Sie die Feige bereits wieder ins Freie räumen. Allerdings vertragen Feigen in dieser Zeit nicht die extreme Temperaturschwankung. Tagsüber heizt die Sonne Pflanze und Umgebung oft schon auf Temperaturen um die 15 °C und mehr auf, während sie nachts nicht selten bis auf den Gefrierpunkt und darunter absackt. Dann nehmen die Pflanzen und besonders die schon im Herbst gebildeten Fruchtansätze Schaden und es kommt zu Ernteausfällen. Um die Feigen im Spätwinter bereits frühzeitig wieder rauszustellen, umgeben Sie sie mit einem Kübelpflanzensack. Der sorgt für gepufferte Temperaturverläufe.

Limetten in Kübeln kultivieren

So unkompliziert im Grunde außer Fruchtfeigen auch Limetten zu pflegen sind, brauchen sie dennoch ein paar pflegende Handgriffe. Unter den im Kübel zu pflegenden Zitruspflanzen sind Limetten insofern besonders gut für den City Garten geeignet, als sie vergleichsweise langsamer wachsen. Allerdings sind sie auch etwas kälteempfindlicher, weswegen die Sortenwahl an Bedeutung gewinnt. Wählen Sie für die Kübelpflanze einen 20-Liter-Topf und dasselbe Substrat wie für die Fei-

gen, allerdings tendenziell noch lehmhaltiger. Düngen Sie die Limetten mit Zitruspflanzendünger, entsprechend der Gebrauchsanweisung.

ARCADIA® Mini Obstbäume und ARCADIA® Plus

Unter dieser besonderen Bezeichnung sind Mini-Obstbäume zusammengefasst, die sich aufgrund ihres kompakten, kleinen Wuchses besonders für Balkon und Terrasse eignen. Die kleinwüchsigen Bäume tragen zahlreiche Früchte Größe und haben aufgrund ihrer wunderschönen Blüte einen hohen Zierwert. Und noch ein Plus: Sie müssen nicht geschnitten werden.

Unter ARCADIA® Plus sind verschiedene Obst- und Beerenpflanzen in bunten Ziertöpfen erhältlich. Diese sind mindestens 2-jahrig und haben bereits Blüten- beziehungsweise Fruchtansatz. Sie eignen sich für die Topfkultur auf Balkon und Terrasse.

Mein Tipp

Gießen Sie die Pflanzen mit kalkarmem Wasser, kalkfrei darf es nicht sein. Obwohl oft behauptet stimmt es nicht, Limetten und generell Zitruspflanzen würden keinen Kalk vertragen. Zitruspflanzen mit Kalküberschuss reagieren aber auf ein Zuviel an Kalzium mit Eisenmangelerscheinungen (gelbe Blattflächen, grüne Blattadern) und benötigen dann zusätzlich Eisendünger, den Sie im Fachhandel erhalten.

Sorte	Welche Sorten pflanzen?	Ein wenig Vorfreude ...

Apfel

´Galahad´ (leuchtend rot, mildaromatisch, Reife Ende August), ´Lancelot´ (rotgrün, saftig, fein säuerlich, Reife Mitte September) und ´Rondo´ (rotgrün, fein säuerlich-süß, Reife Mitte September) sind pflegeleichte Säulen-Äpfel mit bis zu fünf Kilogramm Ernteertrag pro Meter Stammlänge. ARCADIA® Mini-Apfel ´CACTUS´ (grüngelb, saftig, Reife Mitte September) und ARCADIA® Mini-Apfel MERLIN pidi (rot, kräftiges Aroma, Reife Ende August) sind kleinwüchsige Apfelminis.

Setzen Sie im City Garten auf klein bleibende Sorten, die auch in Kübeln gut gedeihen und die nur wenig geschnitten werden müssen.
Für den Frischverzehr daheim, in Schule und Büro sowieso, aber auch für Klassiker wie „Himmel und Erde" und „Leber nach Berliner Art". Sie dürfen nicht fehlen zum Backen köstlicher Apfelkuchen verlockendster Rezepturen. Und denken Sie daran: „An apple each day keeps the doctor away", sagen die gartenbegeisterten Briten!

Birne

´Concorde´ (gelbgrün, saftig süß, Reife ab Mitte September) ist robust, wächst sehr kompakt aufrecht.
´Obelisk´ (Früchte groß, grüngelb; Fruchtfleisch weiß und saftig, feines, süßes Aroma, reift Anfang/Mitte Oktober) wächst säulenförmig-pyramidal. ARCADIA® Mini-Birne GARDEN PEARL (grünfruchtig, schmelzend weich, sehr süß, reift Ende September) wächst aufrecht.
ARCADIA® Mini-Säulenbirne GARDEN GEM (saftig-süß, reift Ende September) wächst aufrecht dicht.

Lust auf „Birne Helene"? Saftig schmelzende Frucht mit Vanilleeis und Schokosoße? Mit kompakt wachsenden Sorten die auch in Kübeln gedeihen, ernten Sie Birnen auch im City-Garten mit seinen für dieses Obst besonders geeigneten warmen, geschützten Balkonen, Dachgärten und -terrassen.
Durch die Kombination verschiedener Sorten verlängern Sie die Erntezeit von September bis in den Oktober hinein.

Kirsche

Die Säulen-Süßkirsche ´Sylvia´ reift Mitte bis Ende Juli und ist selbstfruchtbar; dunkelbraunrote und bei Regenwetter relativ platzfeste Früchte.
ARCADIA® Mini Säulen-Süßkirsche GARDEN BING bringt ab Mitte Juni leuchtend rote, knackige Herzkirschen; selbstfruchtbare Sorte, wächst langsam und säulenförmig.
ARCADIA® Mini-Süsskirsche STELLA COMPACT fruchtet Mitte/Ende Juni mit großen, geschmackvollen dunkelrotschwarzen und platzfesten Früchten.

Gibt es eine verführerischere Sommerfrucht als Kirschen? Sie sind der Inbegriff vollmundig aromatischer Obsternte im Juni und Juli. Ursprünglich Baumriesen, machen die Minis von heute die Kirschernte auch im City Garten möglich. Eine prall vollgefüllte Obstschale mit frischen, selbst geernteten Kirschen wird nicht lange voll bleiben. Genießen Sie Kirschen nicht allein in Kompott und Kirschkuchen, sondern kombinieren Sie sie mal mit dem Beerenobst in Roter Grütze.

Pflaume/Zwetschge

´Liane´ fruchtet oval und mittelgroß, appetitlich dunkel blau bereift; die Einzelfrucht ist saftig, aromatisch süß-säuerlich und gut steinlösend. Die Sorte trägt schon als junge Pflanze reichlich. Sie ist tolerant gegen die Scharka-Krankheit, muss nur wenig beschnitten werden und reift Mitte August.
Die Mini-Pflaume ARCADIA® Mini Pflaume GOLDUST® fruchtet attraktiv groß goldgelb – wie mit Goldstaub eingehüllt und ist eine wahre Aromabombe.

Zwetschgen und Pflaumen sind aufgrund Kreuzungen zwischen beiden heute gar nicht mehr strikt zu trennen. Was beide vereint, ist aber geblieben: ihr unbeschreiblich saftig-süßes Aroma, harmonisch nuanciert von der leicht bitteren Schale. Frisch vom Baum schon lecker, sind sie auf herbstlichem Zwetschgenkuchen ebenso klasse wie im Rumtopf eingelegt, als Kompott oder in der Soße des Schweinebraten gegart.

Sorte	Welche Sorten pflanzen?	Ein wenig Vorfreude ...

Aprikose

´Somo´, orangerote süße Früchte, selbstfruchtbare Säulen-Aprikose, reift ab Ende Juli, wenig anfällig für die Pilzkrankheit Monilia.
ARCADIA® Mini-Aprikose GARDEN APRIGOLD®: Die Früchte sind mittelgroß, rot-orangefarben, gelbfleischig, angenehm steinlösend und haben das volle, typische, süße Aprikosenaroma. Sie sind erntereife im Juli und wachsen sehr kompakt.

„Pflaume aus Armenien", „armenillo", nennen sie die Italiener und daraus machten die Österreicher dann die „Marillen". Und aus diesen Marillenknödel, Marillenstrudel, Palatschinken mit Marillen, Vanilleeis mit Marillen und manches mehr. Wenn Sie es eher deftig mögen, dann garen Sie die Aprikosen doch mal zusammen mit Schweinebraten.

Pfirsich

´Grazia´: Früchte mittelgroß, rotgelb, gelbfleischig, süß, Mitte August reif, steinlösend; selbstfruchtbar, schmaler Pfirsichbaum.
ARCADIA® Mini-Pfirsich AMBER pix zee(S): Früchte mittelgroß, pfirsichrot, gelbfleischig, festes Fruchtfleisch, Ernte: Juli
ARCADIA® Mini-Pfirsich CRIMSON bonfire: Früchte mittelgroß, kräftig rot, Fleisch weiß, warmes Pfirsicharoma, Ernte: Anfang September.
ARCADIA® Mini-Pfirsich DIAMON zaipevi(S): pfirsichrote, mittelgroße, weißfleischige Früchte feinster Qualität, tolles Pfirsicharoma, Ernte: Juli

Das italienische Barock kannte schon 100 Pfirsichsorten! Und was noch vor 50 Jahren hauptsächlich in Dosen zu uns kam, was unter Obstgärtnern hierzulande obendrein als ein ausgesprochenes Gartensensibelchen galt, das ist heute, dank moderner Sorten und kleiner Wuchsformen, gern gesehener (und vor allem genossener) Gast im City Garten.

Nektarine

´Alice Col´: mittelgroße, gelbfleischige Früchte, sehr aromatisch, reift ab August; echter Säulenwuchs, selbstfruchtbare Sorte, späte Blüte, daher weniger frostgefährdet.
´Fantasia´: gelbfleischige Frucht, reift ab Mitte August, vollreif sehr süß, angenehm steinlösend, schmal wachsender Nektarinenbaum für geschützten Standort.
ARCADIA® Mini-Nektarine RUBIS: mittelgroße, dunkelrote Früchte, gelbes Fruchtfleisch, saftig, fest, mit herrlichem Nektarinenaroma.

Nektarinen sind wahrscheinlich aus Mutationen von Pfirsichen hervorgegangen. Herausgekommen sind „glattschalige Pfirsiche" mit deren Aroma, aber mehr Aprikosensüße. Wenn Sie also beide Elternteile bereits im City Garten haben: Komplettieren Sie den mediterranen Steinfruchtgenuss durch diese Dritte im Bunde.

Süßmandel

ARCADIA® Mini-Mandel GARDEN PRINCE entwickelt Schalenfrüchte mit großem süßem, aromatischen Kern, die um Mitte September erntereif sind. ´Garden Prince´ ist selbstfruchtbar, für noch bessere Befruchtungsergebnisse und noch größere Ernten mehrere Mandelbäume zusammen aufstellen.

Überall dort, wo der Sonnenschein zu Hause ist, gehört die Süßmandel traditionell zur Gartenkultur ganz einfach mit dazu: Die Pfalz, Südtirol, das Tessin – wo die Sonnenterrassen Europas sind, erblühen süße Mandeln. Wetten, dass Sie die Süßmandelernte vom September bis zum Beginn der Weihnachtsbäckerei schon komplett weggeknabbert haben werden?

Sorte	Welche Sorten pflanzen?	Ein wenig Vorfreude ...

Erdbeere

(www.haeberli-beeren.ch)

ARCADIA® Plus ALEXANDRIA: reift Anfang Juni bis Ende September, Walderdbeere, vorzügliches Aroma.
ARCADIA® Plus DIAMANTE: Ampelpflanze, reift Mitte Juni bis Mitte Oktober, große, feste Beeren, erlesener Geschmack.
´Magnum Cascade´: reift Mitte Juni bis Mitte Oktober, sehr aromatisch und ertragreich.
´Mara De Bois´: reift Anfang Juni bis Ende September, feinste Dessert-Erdbeere.
´Merci´: Walderdbeere, exquisite, dunkelrote Früchte; gute Bodendecker.
´Siskeep´: reift Anfang Juni bis Ende September, Frucht dunkelrot, groß, sehr fest, aromatisch.

Was ist das Starter-Obst für City Garten-Kids? Womit haben Sie selbst das allererste eigene Beet angelegt? Wetten, dass es Erdbeeren sind und waren? Von der Kletterdbeere bis zur immertragenden Erdbeere: Die Auswahl an Gartenerdbeeren für die Kultur selbst in Kästen und Kübeln ist faszinierend und verlockend. Mindestens ebenso sehr wie der Variantenreichtum der Erdbeerverwendungen.

Brombeere

(www.haeberli-beeren.ch)

´Chester´: vollreif süß, ertragreich, reift A 9 bis E 10, stachellos.
´Reuben´: vollreif süß, reift von Ende August bis Ende Oktober, blüht und fruchtet am diesjährigen Trieb.
´Scotty´: Reife von Mitte Juli bis Mitte August, stachellos.
ARCADIA® Plus NESSY®Ⓢ: am besten schmeckende Sorte, reife Früchte fest und nicht saftend, reift Ende Juli bis Ende September.
Brombeerverwandte Besonderheiten:
´Dorman Red´: Wildhybride, hellrote Früchte mit Maulbeeraroma, ertragreich, reift Mitte Juli bis Mitte August.
Japanische Weinbeere: kleine, rote, süße Früchte von Mitte Juli bis Mitte August.

Sie haben die Wahl: weiterhin auf die kahle Wand schauen oder sie mit Brombeeren begrünen. Brombeeren sind unkompliziert und einfach zu pflegen, wenn Sie den Trick mit dem Rutenanbinden einmal draufhaben (siehe S. 76). In puncto Aroma können sie mit Himbeeren längst mithalten. Verlängern Sie den Genusszeitraum durch passende Sortenwahl von Juli bis Oktober.

Himbeere

(www.haeberli-beeren.ch)

´Alpengold´: Beeren groß, gelb-aprikotfarben, fest und aromatisch, reift Mitte August bis Mitte September, Herbsthimbeere ohne Stacheln.
´Rubyfall´: Beeren groß, rot, fest und aromatisch, reift Mitte August bis Mitte September, Herbsthimbeere ohne Stacheln.
ARCADIA® Plus BLISSY autumn blissⓈ: sehr große Früchte, aromatisch, reift Ende Juli bis Ende September.

Bisquitrolle mit Himbeersahne, Himbeereis zum Frühstück, Vanilleeis mit heißen Himbeeren, Himbeergeist, Himbeersaft mit einem Schuss Champagner. Himbeeren, gefüllt mit Buttermarzipan – wahrscheinlich hießen diese roten Waldbeeren früher einmal Himmlische Beeren. Und als das zu lang erschien, wurden sie nur noch Himbeeren genannt. Machen Sie doch jetzt Cigabeeren für sich daraus: City Gartenbeeren! Kübel, und los – die Küche wartet ...

Gojibeere

(www.haeberli-beeren.ch)

´New Big´ und ´No.1´: beide mit länglich-ovalen, hellroten Beeren, nur wenig Bitterstoffe, daher angenehm milder Geschmack, erntereif Mitte August bis Ende Oktober, hoher Ertrag.
´Nima´: Selektion mit orangeroten, länglichen Beeren mit besonders gutem, mild-süßlichem Geschmack, reift Mitte August bis Mitte Oktober.

Pflanzen Sie nur großfruchtig süßbitterfreie Goji-Sorten. Frisch oder getrocknet kommen die Beeren in Fruchtsalate und Blattsalate, in Müsli, Joghurt und in Backwaren.

Sorte	Welche Sorten pflanzen?	Ein wenig Vorfreude ...

(www.haeberli-beeren.ch)

Johannisbeere

für Stämmchen geeignet:
Schwarze Beeren: 'Big Ben', 'Bona', 'Dr. Bauer's Ometa', 'Kirstin', 'Narve Viking'
Rote Beeren: 'Jonkheer van Tets', 'Rovada', 'Telake'
Rosa Beeren: 'Rosalinn'
Weiße Beeren: 'Weiße Versailler'
für Sträucher und Stämmchen geeignet:
'Detvan': rot, lange Trauben, aromatisch, vollreif mild, reift im Juli.
ARCADIA® Plus ROLAN rot: sehr lange Trauben, vollreif nur wenig Säure, wenig krankheitsanfällig, reift im Juli.

Was sich mit Johannisbeeren nicht alles machen lässt! Sie passen zum Pudding und zum Eisbecher, es gibt herrliche Kuchenrezepte, die auf diese Früchte setzen, sie sind Basis für allerlei Grützen und Kompotte, und nicht zuletzt stehen sie für angesetzte Liköre und selbst gemachten Beerenwein. Johannisbeeren – ganz egal, ob rote, schwarze, weiße oder rosafarbene Sorten – sind alles andere als bieder. Im Gegenteil, sie sind ausgesprochene Kreativfrüchte.

(www.haeberli-beeren.ch)

Stachelbeere

Für den City-Garten sind Stachelbeer-Stämmchen oft besser als die Sträucher geeignet:
DR. BAUER'S® ROKULA⑤: dunkelrot, glattschalig, äußerst aromatisch, ertragreich, reift Anfang bis Mitte Juli, robust im Laub.
'FRANZISKA': gelbgrün, glatt- und dünnschalig, reift Ende Juni bis Mitte Juli; dornenarm, robust im Laub.
'HINNONMÄKI GELB': dunkelgelb, glattschalig, reift Anfang bis Ende Juli, robust gegen Mehltau.

Frech und fruchtig – so sind Stachelbeeren. Für viele verbinden sich mit ihnen Garten- und Geschmackserinnerungen der Kindheit. Sind Stachelbeeren eine Nostalgiefrucht? Mag sein. Aber schließlich ist auch der City Garten auf der Suche nach seinen Wurzeln. Nur mal angenommen, Sie sitzen mit Freundinnen an Ihrem Lieblingsplatz auf dem Dachgarten, beim Kaffeeklatsch. Die Nachmittagssonne scheint warm, die Gespräche sind vertraut – und was gibt's, als Kuchen? Richtig! Stachelbeer-Baisertorte!

(www.haeberli-beeren.ch)

Jostabeere

DR. BAUER'S® JONOVA: große, glänzende, weinrote bis dunkelrote Beeren, die im Juli in etwa gleichzeitig reifen; wächst schwächer als JOSTINE⑤.
DR. BAUER'S® JOSTINE⑤: mittelgroße bis große, dunkelviolette bis schwarze Beeren, reifen im Juli, mittelstarker aufrechter Wuchs.

Für den City Garten sind Jostabeer-Stämmchen oft besser als deren Sträucher geeignet.

Sie können sich zwischen dem Anbau von schwarzen Johannis- und Stachelbeeren nicht entscheiden? Dann danken Sie Dr. Bauer, denn er hat beide miteinander gekreuzt und so der Welt die Jostabeere geschenkt. Nehmen Sie also doch einfach die!
Im Wuchs und in der Frucht der schwarzen Johannisbeere ähnelnd, ist sie in beidem größer. Nur ist die reife Beere fruchtiger und weniger herb. Marmeladen-Selbstkocher und Liköre-Selbstansetzer unter den City-Gärtnern brauchen Jostabeeren, unbedingt!

(www.haeberli-beeren.ch)

Aronia

'Viking Aronia' ist eine Sorte der Schwarzen Apfelbeere *Aronia melanocarpa*. Die an Dolden wachsenden und wegen ihres hohen Gehalts an Antioxidantien als sehr gesund geltenden schwarzroten Beeren eignen sich für Gelee, Saft und Kompott. Wegen des bitteren, adstringierenden Geschmacks zum Rohverzehr nicht geeignet. Erntezeitraum ist Mitte August bis Ende September.

Wer Aronien in seinem City Garten anbaut, bekennt Farbe! Und das gleich in doppelter Hinsicht. Zum einen gilt die Apfelbeere, wie sie auch heißt, aufgrund ihrer antioxidativen, sekundären Inhaltsstoffe als gesundheitsförderlich. Zum anderen färbt der Saft von Aronien Speisen so intensiv dunkelschwarzrot, wie kaum eine andere Gartenpflanze. Einzeln genossen sind Aronien eher eine Herausforderung und damit ganz klar eine Verarbeitungsfrucht.

Sorte	Welche Sorten pflanzen?	Ein wenig Vorfreude ...

sibirische Blaubeere

Pflanzen Sie zwecks besserer Befruchtung und auch besserer Ernte von der Maibeere®, *Lonicera kamtschatica*, auch Sibirische Blaubeere genannt, stets zwei Sorten miteinander: ´Amur´ und ´Maitop´ befruchten sich gegenseitig.
´Amur´[Ⓢ] bildet oval-längliche, große blaue Beeren, mit köstlich aromatischem Geschmack. Ernte schon ab Ende Mai und bis weit in den Juni hinein. Partnersorte ist ´Maitop´.
´Maitop´ wiederum ist ideale Partnersorte zu ´Amur´[Ⓢ], entwickelt große, sehr aromatische Beeren.

Besucher in Ihrem City Garten werden die unauffällige Pflanze wahrscheinlich gar nicht erkennen. Wenn sie aber schon Ende Mai fruchtet, wird es heißen: „Wie – du hast schon reife Beeren?"
Robust wie Maibeeren nun einmal sind, sollten sie in einem City Garten nicht fehlen.

Heidelbeere

Heidelbeersorten zur besseren Befruchtung untereinander kombinieren! ´Patriot´: reift Anfang Juli, sehr ertragreich.
´Elizabeth´: erfrischend süß-säuerlich, geschmackliche Topsorte, reift Mitte August bis Mitte September, regelmäßig hoher Ertrag, wenig Spätfrost gefährdet, bodentolerant.
´Hortblue Petite´[Ⓢ]: zweimal tragend, Ernte Ende Juli bis zum Frost.

Heidelbeeren gehören auch zu den Kindheitserinnerungen, als man sie noch im Wald pflückte. Heute ist dafür weder Zeit noch Gelegenheit, deshalb holt man sich einen Topf auf den Balkon und nascht nach Lust und Laune.

Preiselbeere

´Red Pearl´ ist eine Selektion aus wild wachsenden Preiselbeeren *(Vaccinium vitis idaea)*, äußerst reich tragend, Reifezeit Anfang August bis Ende Oktober. ´Red Star´ ist eine Selektion der großfruchtigen Moosbeere (Kranichbeere, Cranberry; *Vaccinium macrocarpon)* mit leuchtend roten, stachelbeergroßen Früchten, Ernte ab Anfang September bis Ende Oktober, Anbau wie Preiselbeeren.

„Perlen" gibt´s auch in Rot! Kenner feiner Küche wissen sehr wohl die nuancierte geschmackliche Art der Preiselbeeren mit ihrem herben Charme zu schätzen. Was Sie eingekocht aus dem Glas schon kennen – zu Wildgerichten, Birnenkompott oder Tafelspitz –, jetzt haben Sie´s live im City Garten! Wenn die roten Perlen reifen, dann locken auch die herbstlichen, mit Pilzen garnierten Wildgerichte: Halali!

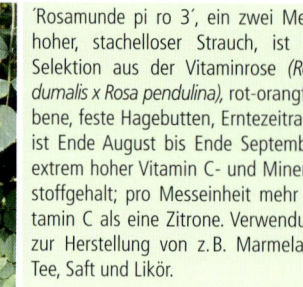
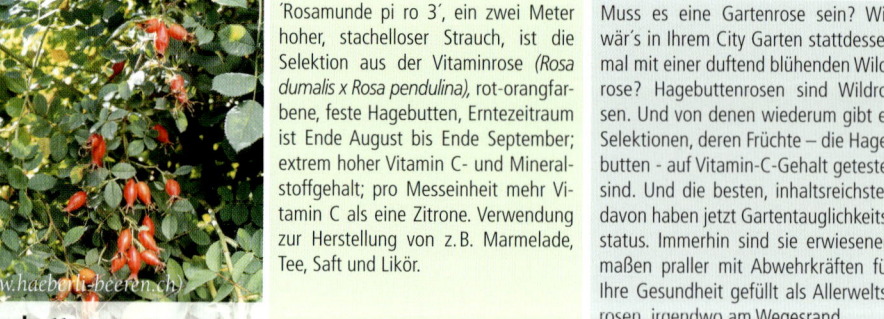

Hagebuttenrose

´Rosamunde pi ro 3´, ein zwei Meter hoher, stacheloser Strauch, ist die Selektion aus der Vitaminrose *(Rosa dumalis x Rosa pendulina)*, rot-orangfarbene, feste Hagebutten, Erntezeitraum ist Ende August bis Ende September; extrem hoher Vitamin C- und Mineralstoffgehalt; pro Messeinheit mehr Vitamin C als eine Zitrone. Verwendung zur Herstellung von z.B. Marmelade, Tee, Saft und Likör.

Muss es eine Gartenrose sein? Wie wär´s in Ihrem City Garten stattdessen mal mit einer duftend blühenden Wildrose? Hagebuttenrosen sind Wildrosen. Und von denen wiederum gibt es Selektionen, deren Früchte – die Hagebutten - auf Vitamin-C-Gehalt getestet sind. Und die besten, inhaltsreichsten davon haben jetzt Gartentauglichkeitsstatus. Immerhin sind sie erwiesenermaßen praller mit Abwehrkräften für Ihre Gesundheit gefüllt als Allerweltsrosen, irgendwo am Wegesrand.

| Sorte | Welche Sorten pflanzen? | Ein wenig Vorfreude... |

Kiwi

Beeren-Kiwis *(Actinida arguta):*
'Kens Red': weibliche Sorte, geschmackvolle purpurrote Beeren, rotes Fruchtfleisch, reift Ende September bis Ende Oktober.
ARCADIA® Plus ISSAI Kiwi arguta: Früchte grün, bis drei Zentimeter, feines Aroma, reift Anfang Oktober bis Mitte November, selbstfruchtbar.
Großfruchtige Kiwis (A. deliciosa): 'Solissimo': reift Ende Oktober bis Ende November, fruchtet ab 3. bis 4. Standjahr, selbstfruchtbar.

Sobald die Kiwipflanzen einmal als Gerüst für fruchtende Zweige aufgebaut sind, haben Sie, passendes Wetter zur Blütezeit Ende Mai vorausgesetzt, einen alljährlichen Massenträger im City Garten. Das gilt besonders für die kleinere der beiden Kiwiarten, die Beeren-Kiwi. Mit ihrer unbehaarten Schale müssen Sie nicht einmal schälen. Sie werden wie Stachelbeeren verwendet, von der Baisertorte über das Kompott zu Eis- und Vanillecreme bis hin zum Naschen, direkt vom Strauch.

Weinrebe

ROBUSTAREBEN® sind pilztolerante Tafeltrauben.
Weiße Beeren: Robustarebe Birstaler Muskat, R. 'Himrod', R. 'Sulima', R. 'Talizman'.
Rosa Beeren: R. 'Katharina', R. 'Sweety'
Blaue Beeren: R. 'Early Campbell', R. 'Muscat Bleu', R. 'Nero', R. 'New York Muscat', R. 'Ontario', R. 'Philipp'.
ARCADIA® Plus ROBUSTAREBE® BUFFALO/FIORITO: große, süße Beeren an großen Trauben, reift Anfang September bis Mitte Oktober.

Vergessen Sie's – Reben sind nicht kompliziert! Natürlich hat jeder Winzer mehr Reben-Know-how als Sie, aber wagen Sie sich als gestandener City-Gärtner ruhig an die Tafeltraube! Sie trägt ab dem 2. Standjahr und dann von Jahr zu Jahr mehr. Moderne Tafeltrauben sind robust gegen Pilzkrankheiten des Weinlaubs und so lecker und ertragreich, dass Sie sich später einmal fragen werden, warum Sie die nicht schon viel früher in Ihren Garten geholt haben.

Andenbeere

ARCADIA® Plus ANDENBEERE *(Physalis edulis)* entwickelt leuchtend orangerote Beeren mit würzig exotischem Aroma. Diese sind in pergamentartigen, gelb-braunen Hüllen verborgen, die wie Lampions aussehen. Die kirschgroßen vitaminreichen Früchte sind im September und Oktober erntereif. Die Pflanze ist selbstfruchtbar; für größere Ernten stellt man mehrere Pflanzen zusammen auf. Längere Kulturzeit im Kleingewächshaus ist möglich, dann lohnt auch ihre Überwinterung.

In der feineren Küche und Gastronomie werden Sie über diese Frucht schon gestolpert sein. „Lampionfrucht" heißt sie da oder Kapstachelbeere oder Physalis. Am meisten Ertrag bringt sie in großem Topf gepflanzt und mit zwei oder gar vier Trieben wie ein Spalier gezogen. Wenn bei Ihnen der Tomatenanbau gelingt, dann auch die Naschfrucht Andenbeere! Eigentlich Deko- und Rohfrucht, eignet sie sich nicht nur für Desserts, sondern auch für Chutneys.

Brasilianische Guave

An 'Feijoa' sind bereits die süß schmeckenden Blätter der im Mai und Juni erscheinenden weiß-roten Blüten essbar. Die Früchte dieser Sorte sind im Oktober erntereif und duften und schmecken einzigartig nach Erdbeere, Ananas und Guave. 'Feijoa' ist selbstfruchtbar.

Lieben Sie es, den Geschmacksnuancen eines hochwertigen Weins hinterher zu spüren? Dann ist Ihr Gaumen bereit für das Geschmackserlebnis Brasilianische Guave! „Eine deutliche Note von Ananas", werden Sie sagen, und: „Erinnert glasklar an Erdbeeren." Und „eindeutig Guave!" Warum dann nicht statt 'Feijoa' gleich Ananas, Erdbeere und Guave essen? Ganz einfach: Weil die Brasilianische Guave all deren Aromenspiel auf einzigartige Weise in nur einer Frucht vereint.

Sorte	Welche Sorten pflanzen?	Ein wenig Vorfreude ...

(www.haeberli-beeren.ch)

Chinesische Dattel

´Lang´ ist eine großfruchtige Selektion der Chinesischen Dattel *Ziziphus jojoba* mit birnenförmigen, zwei bis drei Zentimeter großen Früchten. Diese verzehren Sie entweder, noch grün und knackig, vor der vollen Reife schon ab Anfang Oktober, oder aber – vollreif, braun und mit süßlichem Geschmack – ab Mitte bis Ende Oktober. Dann erinnern sie in Konsistenz und Geschmack an Datteln. ´Lang´ ist selbstfruchtbar.

Wenn Sie in unseren Breiten schon nicht unter Palmen leben, dann genießen Sie doch zumindest den Geschmack frischer Datteln auf der Zunge! Original stammen die von der Dattelplame, die aber fruchtet in Ihrem City Garten nicht. Als Städter sind Sie das Denken in Alternativen gewohnt. Geht das eine nicht, funktioniert das andere! Probieren Sie also einmal diesen Dattelersatz aus.

(www.haeberli-beeren.ch)

Erdbeerbaum

´Corbezzolo´ ist eine Sorte von *Arbutus unedo*. Die optisch erdbeerähnlichen Früchte sind von Anfang November bis Mitte Dezember erntereif. Sie haben weißes, süßlich schmeckendes Fruchtfleisch. Die Früchte sind geeignet als Nachfrucht für den Frischverzehr, aber auch für die Herstellung von Marmeladen und Likören. ´Corbezzolo´ ist selbstfruchtbar und robust gegen Krankheiten und Schädlinge.

Stellen Sie Ihren Erdbeerbaum neben Ihre Granatapfelpflanze, denn beide haben denselben Standortanspruch und einen ähnlich hohen Zierwert der reifen Früchte. Allerdings ist der Erdbeerbaum trotz seines verlockenden Namens eher eine Nachfrucht. Anders als der Name Erdbeerbaum es andeutet, schmecken nämlich die reifen Früchte nicht nach Erdbeeren, sondern haben annähernd deren Optik. Die Schale ist die Haut und kann problemlos gegessen werden.

(www.haeberli-beeren.ch)

Feige

´Contessina´: dunkel-violett, sehr groß, sehr süß, hoher Ertrag, die Sorte ist frosthart.
´Goldfeige´: Früchte goldgelb, sehr groß, honigsüß, die Sorte ist frosthart.
ARCADIA® Plus NORDLAND Bergfeige: Feigen rot-violett, süß; kompakter Wuchs, die Sorte ist frosthart.
ARCADIA® Plus FIGRANDO Nordland: Feigen rot-violett, groß, sehr süß, ertragreich.
Feigen haben ihre erste Reife im Juli/ August. Eine zweite ist im Oktober möglich.

Haben Sie schon einmal darüber nachgedacht, warum Feigen in Italien gern mit feinstem Schinken zusammen genossen werden? Die salzige Würze lässt die Süße der Früchte umso deutlicher hervortreten. Süß und süß, diese Variante geht mit Feigen im Dessert natürlich auch: frisch oder als Kompott zu Eiscreme, Herrencreme, Bayerisch Creme oder aber Crema Catalana.

(www.haeberli-beeren.ch)

Granatapfel

´Provence´ ist eine Sorte von *Punica granatum*. Die rotschaligen Granatäpfel mit fünf bis zehn Zentimetern Durchmesser entwickeln im Innern Samen mit rotem, süß-säuerlich aromatischem Fruchtfleisch. Diese Frucht reift über fünf bis sieben Monate, Erntezeitraum ist von Anfang Oktober bis Mitte November. ´Provence´ ist selbstfruchtbar.

Sie sind Fruchtbarkeits- und Liebessymbol und speziell im mediterran geprägten City Garten ein optisches Muss. Hübsch anzuschauen sind ihre länglichen, satt orangefarbenen Blüten. Teilen Sie eine reife Granatapfelfrucht in zwei Hälften und löffeln Sie die saftumgebenen Kerne heraus.
Nach dem Abkauen des Saftes von den Kernen, diese mitessen oder einen Wettbewerb im Granatapfelkerne-Weitspucken ausrufen ...

Sorte	Welche Sorten pflanzen?	Ein wenig Vorfreude ...

(www.haeberli-beeren.ch)

Kaki

'Vaniglia': orange-rote, nicht adstringierende Früchte, süßer, leicht an Vanille erinnerndes Aroma, in Italien sehr beliebte Sorte, Ernte ab Ende Oktober bis Anfang November. Es schmecken dann auch schon die jetzt noch recht festen Früchte, ansonsten lässt man sie in der Obstschale etwas nachreifen. 'Vaniglia' ist selbstfruchtbar.

Kakis sind so eine Sache für sich – eigentlich gibt es nur diejenigen, die sie mögen, und diejenigen, die sie nicht mögen. Wie Sie zu einem Kaki-Fan werden? Ganz einfach: im City Garten ausprobieren! Entscheidend ist es dabei, säurearme, nicht adstringierende Sorten zu pflanzen. Deren Früchte sind tatsächlich eine Köstlichkeit in der Küche.

(www.haeberli-beeren.ch)

Limetten

'Messicana' ist eine *Citrus limetta* Sorte mit dekorativen und sehr saftigen Früchten.
'Palestina' ist eine *Citrus aurantiifolia* Sorte mit rundlichen Früchten mit gelber Schale.
'Tahiti' ist eine *Citrus latifolia* Sorte, sehr saftreich, mit den größten Früchten unter den Limetten, ähnlich kleinen Zitronen. Die Zweige sind nur wenig bedornt.
Die Kaffir-Limette, *Citrus hystrix*, hat birnenförmige Früchte, entscheidend sind ihre stark aromatischen Blätter, die frisch zum Würzen sowie ähnlich Lorbeerblättern verwendet werden.

Limetten sind gleichsam die Königskinder unter den Zitrusfrüchten. Schon ihre an ätherischen Ölen reichen Schalen sind ein Genuss. Abgerieben passen sie in Vinaigretten, Kompotte, Desserts und süße Gebäcke. Nicht ohne Grund sind es gerade Limetten, die Cocktails würzen und dekorieren. Genießen Sie Ihren Sundowner auf der Gartenterrasse!

(www.haeberli-beeren.ch)

Melonenbirne

ARCADIA® Plus PEPINO: Die Melonenbirne bekommt acht bis zehn Zentimeter lange, ovale, gelbe Früchte mit grünlichen Streifen, wird meist als Ampelpflanze verwendet. Ihr Aroma ist melonenartig, für größeren Ertrag mehrere Melonenbirnen anpflanzen, Erntezeitraum ist Mitte August bis Ende Oktober. Melonenbirnen frostfrei überwintern.

Komischer Name für diese Tomatenverwandte, aber es ist tatsächlich so: Die Früchte dieser Pflanze schmecken wie eine interessante Mischung aus Melone und Birne. Sie sind im reifen Zustand löffelweich. Meist werden sie denn auch als eine Dessertfrucht aus der Schale der halbierten Frucht gelöffelt, ähnlich Avocado oder Pampelmuse.

(www.haeberli-beeren.ch)

Pistazie

Pistazien sind zweihäusig, die weiblichen Pflanzen brauchen also eine männliche Befruchtersorte. `Napolitana´ ist eine bewährte kleinwüchsige Sorte, die für City Gärten geeignet ist. Sie wächst langsam und trägt nach drei bis vier Jahren nach der Pflanzung zum ersten Mal ihre Nussfrüchte. `Vesuv´ ist die zu `Napoletana´ passende männliche Pflanze. Erntereif sind Pistazien im Oktober.

Gesalzen und aus der Tüte kennt sie jeder, aber aus dem eigenen Garten geerntet sind Pistazien ein Newcomer, ein Exot. Macht aber nichts, denn Gärtner sind immer auch neugierig und mit der passend gewählten Sorte gelingt selbst die eigene Ernte von Pistazien. Die reifen Früchte knacken Sie wie Nüsse, um an den begehrten Kern zu gelangen. Rösten Sie reife Pistazien unter ständigem Wenden in einer nicht zu heißen, trockenen Pfanne ohne Zugabe von Öl.

(Jasmina007/stockphoto.com)

Kräuter

für alle

Ohne Kräuter geht gar nichts

Fälle

Kräuter begeistern. Und zum City-Garten gehören sie mit dazu. Denn eher noch als eine umfangreiche Nutzpflanzenplantage ist der City Garten schnell und einfach als ein Kräutergarten eingerichtet. Kräuter sind so vielseitig, dass man eigentlich gar nicht genug davon haben kann. Etwas Struktur und Überlegung kann beim Einkauf jedoch nicht schaden.

Kräuter – aromatische Glanzlichter im City Garten

Schön, wenn Sie Ihre persönliche Kräuterbegeisterung zum Kräutersammler macht. Dieses Kapitel will Ihnen dabei helfen, in diese Pflanzenfreude Struktur zu bringen. Nur allzu oft wachsen in vielen Gärten nämlich auch Kräuter, die gar keine Verwendung finden, weil man ihre Möglichkeiten nicht kennt. Und es vegetieren gerade Kräuter in – für den City Garten so typischen – Pflanztöpfen nur dahin. Aber das muss nicht sein. Mit einem kleinen Grundwissen über Kräuter ist jeder in der Lage, die besten Kräuter zu finden.

Praktische Hilfen für den Kräuterkauf

Kaufen Sie Kräuter eher, weil es einen konkreten Bedarf gibt, zum Beispiel Basilikum, Petersilie, Schnittlauch, oder weil der Name Sie neugierig gemacht hat, wie bei Spearmint-Minze, Lakritzkraut und Fenchel-Agastache? Beides hat seine Berechtigung: Entscheiden Sie zunächst einmal, welche Kräuter Ihrer typischen Ernährungs- und Kochkultur entsprechen. Daran ist nämlich zuallererst und besonders gut abzulesen, welche Kräuter konkret und in welchen erforderlichen Mengen sie tatsächlich benötigt werden.

Als Liebhaber klassischer deftiger deutscher Küche werden Sie in größerem Umfang Beifuß, Borretsch, Brunnenkresse, Dill, Estragon, Gartenkresse, Kerbel, Kümmel, Liebstöckel, Petersilie, Pimpinelle, Schnittlauch, Tripmadam und Zwiebeln benötigen.

Ist eher die leichte, mediterrane Küche Ihr Ding, so wird die Wahl auf Basilikum, Bergbohnenkraut, Estragon, Lorbeer, Oreganum, Thymian, Rauke oder Rucola, Rosmarin und Salbei fallen.

Setzen Sie hingegen auf die bekömmliche asiatische Kochkunst, werden Sie in besonderem Maße Chili, Hystrix, Ingwer, Koriander, Schnittknoblauch, Thai-Basilikum und Zitronengras interessieren. Richtet sich dabei das Interesse konkret in Richtung Japanküche, dann erfordert das den Anbau von Petersilie, Perilla, Sisho und Wasabi.

Ganz so vernünftig betrachtet, gehen dem Kräuteranbau im City Garten aber allzu leicht Kräuterlust und -laune verloren. Deswegen macht es durchaus Sinn, vor allem aber schlichtweg Spaß, immer mal wieder neue Kräuter auszuprobieren.
Beide Kategorien, Bedarfskräuter und Probierkräuter, checkt man am besten vor der Kaufentscheidung noch einmal in zweierlei Hinsicht: „Kann ich diesem Kraut unter meinen Balkon-, Terrassen- oder auch Dachgar-

Bohnenkraut nimmt Blähungen. Ein paar Blättchen können immer zugesetzt werden.
(www.blu-blumen.de)

tenbedingungen denjenigen Standplatz irgendwo zwischen Sonne, Halbschatten oder Schatten geben, den es für sein optimales Gedeihen benötigt?" Und wie intensiv nutzbar ist das Kraut: „Wie lange kann ich es ernten, wie lange und wie oft benötige ich das Kraut?"

Checken Sie den passenden Standort

Sonnig und tendenziell trocken mögen es Anis, Beifuß, Bohnenkraut, Lavendel, Majoran, Oregano, Rosmarin, Salbei, Thymian und Wermut.
Sonnig, gleichzeitig aber mäßig feucht wachsen Basilikum, Borretsch, Dill, Estragon, Fenchel, Kapuzinerkresse, Kerbel, Melisse und Pimpinelle.
Passende Kräuter für den Halb- und warmen Wechselschatten sind Gartenkresse, Liebstöckel, Meerrettich, Petersilie, Pfefferminze und Schnittlauch.

Die Potenziale der Kräuterauswahl

Typische, nur ein Gartenjahr lang lebende Kräuter sind Anis, Basilikum, Bohnenkraut, Borretsch, Brunnenkresse, Dill, Kapuzinerkresse, Kerbel, Knoblauch, Koriander, Majoran, Portulak und Ringelblume.
Als zweijährige Kräuter bezeichnet man solche, die im ersten Jahr Laub bilden, im Folgejahr Blüten und Samen – und die danach absterben, beispielsweise Fenchel, Kümmel, Kreuzkümmel, Löffelkraut und Petersilie.
Langjährig gedeihen unter passenden Wachstumsbedingungen diese Stauden, Halbstauden und Kleingehölze: Beifuß, Beinwell, Bergbohnenkraut, Eberraute, Estragon, Gartensauerampfer, Lavendel, Liebstöckel, Meerrettich, Minzen, Pimpinelle, Rosmarin, Salbei, Schnittlauch, Thymian, Wermut, Ysop und Zitronenmelisse.

Wie Kräuter wirklich wachsen wollen

Es spuken zwei irrige Meinungen in den Köpfen vieler Kräuterbegeisterten. Die eine davon ist, dass es ausreicht, Kräuter in ihren kleinen Töpfen zu kaufen und sie darin ihr gesamtes Kräuterleben lang zu belassen. Die andere besagt, Kräuter müsse man angeblich nicht düngen, weil sie dann an Aroma verlieren – beides ist Blödsinn.

Was immer Sie an handelsüblichen Kräutern kaufen, Sie erwerben sie in üblicherweise 9-cm-Töpfen oder 1- bis 3-Liter-Töpfen. Keine dieser genannten Topfgrößen ist dazu geeignet, Kräuter für die Dauer ihres Lebens artgerecht zu beherbergen. Die Bandbreite der tatsächlich für langfristig gesundes Kräuterwachstum benötigten Pflanzgefäßgrößen liegt zwischen mindestens fünf Liter Topfvolumen für Hungerkünstler wie Thymian und Schnittlauch, die beide von Haus aus auf Magerstandorte eingestellt sind. Er reicht weiter über 7,5-Liter-Töpfe für mediterrane Kräuter, wie Salbei oder Oregano und kann für – ausgewachsen – gestandene 2-Meter-Kerle, wie Liebstöckel, gern auch 20 Liter betragen. Besser also, Sie wählen größere Pflanzgefäße und nutzen den Platz darin geschickt aus, zum Beispiel durch Unterpflanzung von Rosmarin mit Bohnenkraut, Salbei mit Thymian. Auch in der Natur sind die Kräuter Nachbarschaft gewohnt

und teilen sich dort den verfügbaren Wurzelraum.

All das gilt es zu berücksichtigen. Aber hier noch einmal ausdrücklich und zusammengefasst: Je nach Größe und gebildeter Blattmasse benötigen Pflanzen ausreichend viel Platz sowie gleichmäßige Versorgung mit Wasser und Dünger!

Geschmackssache - die Kräuteraromagruppen

Viele Kräuterexperten gliedern Küchenkräuter – so der genauere Begriff, in Abgrenzung zu Heilkräutern – nach botanischen Kriterien, wie zum Beispiel der Lebensdauer. Eine andere Ordnungsvariante, die nach geschmacklich ähnlich gelagerten Kräuteraromen, ist aber im Hinblick auf Nutzen und Verwendung hilfreicher.

Eine Geschmacksgruppe einander ähnlicher, weil miteinander verwandter Kräuter ist diejenige rund um die Petersilie: Liebstöckel und Schottischer Liebstöckel, Giersch und Schnittsellerie. Verwenden Sie Petersilie und Liebstöckel miteinander, um ihren Geschmack zu verfeinern.

(www.blu-blumen.de)   (www.blu-blumen.de)   (www.blu-blumen.de)

Aus Fruchtsalbei lässt sich ein erfrischender Tee zubereiten. (www.blu-blumen.de)

Für Tee, Süßspeisen und Kuchen kann Ananasminze verwendet werden. (www.blu-blumen.de)

Für Lakritzfreunde ein unbedingtes Muss: Lakritz-Tagetes. (www.blu-blumen.de)

Für die Vorratshaltung kann Rosmarin getrocknet werden. (www.blu-blumen.de)

In der asiatischen Küche wird Zitronengras seit jeher verwendet. (www.blu-blumen.de)

Ein unglaublich zitroniges Aroma verströmt die Zitronen-Verbene. (www.blu-blumen.de)

Um mit Kräutern noch besser kochen zu lernen, können Sie sich in Ihrem Gedächtnis einen geistigen „Geschmäckeratlas" anlegen: Wie schmeckt welches Kraut? Auf die Frage an sich selbst beim Abschmecken von Speisen: „Irgendwas fehlt da noch?", wird die Antwort dann zusehends leichter fallen. Wenn also der Vinaigrette noch etwas „Zitroniges" fehlt, geben Sie Zitronenverbene hinzu. Wenn der Lammbraten „noch nicht rund" schmeckt, fehlt wahrscheinlich Rosmarin, Thymian und Salbei mit Lavendel und Griechischem Bergtee.

Kresseartig rettichscharf schmecken: Brunnenkresse, Gartenkresse, Große und Kleine Kapuzinerkresse, Meerrettich, Rauken, Staudenkresse und der japanische Meerrettich, Wasabi, sowie alle ähnlich dem Schnittsalat angebauten Senfpflanzen.

„Knofelig" und „zwiebelig" schmecken: Knoblauch, Schnittknoblauch, Chinesischer (Knob-)Lauch und Zimmerknoblauch (*Tulbaghia*), zwiebelig schmecken Schnittlauch und alle Zwiebeln, samt ihres Zwiebelgrüns (der „Schlotten"), von Gemüsezwiebel über Schalotte bis Winterheckzwiebel.

Typische Bittergewürze sind Beifuß und Eberraute, Wermut, Weinraute, Ysop - und nicht zuletzt die leckeren Hopfensprossen.

Süßliche Anis-Fenchelnoten haben Anis und Fenchel selbst, dazu Fenchel-Agastache, in etwa Dill, ferner Gewürztagetes und Lakritztagetes sowie die Süßdolde.

Das Bild mediterran geprägter Geschmacksmuster bedienen Griechischer Bergtee, Lavendel, Lorbeer, Oregano, Rosmarin, Salbei und Thymian. Thymian dient als Ersatz für Bohnenkraut – nicht aber umgekehrt!
Zitronige Aromen bringen das Afrikanische Zitronenkraut, die Zitronenmelisse, das Zitronengras und die Kafir-Limette, allen voran und um Längen voraus die unschlagbare Zitronenverbene.

Minzearomen finden Sie, außer bei den Minzen selbst, auch bei den Bergminzen (*Calamintha und Pycnanthemum*) den Duftgeranien und dem Argentinischen Minzstrauch.

Soll es einfach nur spinatig sein, setzen Sie auf Baumspinat, Erdbeerspinat, Malabar-Spinat und Gartenmelde, letztere gibt es hübsch grünblättrig, gelbblättrig und rotblättrig.

Was ist der Unterschied zwischen Gartenkräutern und Küchenkräutern?

Ob Petersilie und Schnittlauch, Kerbel, Salbei, Basilikum & Co. im Einzelfall ein Garten- oder Küchenkraut sind, liegt an der Art ihrer jeweiligen Nutzung. Grundsätzlich können viele Kräuter nämlich beides sein.
Gartenkräuter sind solche, die üblicherweise im Beet oder Pflanztopf im Freien kultiviert werden. Küchenkräuter sind demgegenüber diejenigen, die Sie als Frischkräuter für den sofortigen Verzehr kaufen, dem Gemüse also nicht unähnlich.
Oft werden Küchenkräuter wie halbwegs Gartenkräuter behandelt und zwischen Spüle und Küchenfenster aufgestellt, um sie dort lange zu pflegen und zu beernten. Abgesehen von zu kleinen Töpfen, fehlender Düngung und weiteren nicht passenden Aspekten, deren Erörterung an dieser Stelle zu weit führt, diese klare Ansage: Innen auf der Fensterbank gedeihen Kräuter nur kurze Zeit! Sie müssen nach dem Einkauf zeitnah abgeerntet werden.

Wenn dem Schweinebraten (oder dem Gurkensalat) etwas Volumen fehlt, geben Sie leckere Eberraute hinzu. Mit Kräutern ebenso effektiv wie feinfühlig nuancenreich kochen zu können, das müssen Sie sich genussvoll erarbeiten. Den Geschmack der Kräuter müssen Sie kennen. Ihren Beitrag zu einer Speise aber, der ist vor allem auch abhängig von Geschmacksvorlieben. Hier muss ausprobiert und entdeckt werden.

Das Auge isst mit

Die wunderbaren Kräuter sind eigentlich viel zu schade, um sie einfach nur hinzustellen. Weil der City Garten grundsätzlich immer auch ein Teil der Wohnfläche ist – er ist gleichsam das grüne Wohnzimmer –, hat auch das Auge seinen Anspruch an einen attraktiven Kräutergarten.

Um in dazu ausreichend großen Pflanzgefäßen adrette Kräuterkombinationen zu pflanzen, wählt man zunächst einmal pro Kombination immer nur solche Pflanzen dazu aus, die gleiche Pflegeansprüche haben: annähernd gleicher Bedarf an Sonnenlicht, Dünger und Wasser. Folgen Sie dann der bewährten Bepflanzungsregel: „Etwas Aufrechtes, etwas Hängendes und etwas Buschiges."

Geeignete Pflanzkombinationen sind beispielsweise Rosmarin, Lavendel, Knoblauch (aufrecht), kombiniert mit Thymianen (speziell Kaskadenthymian) oder Hänge-Rosmarin (hängend) und Salbei (buschig) für einen sonnigen Standort. Für einen Platz im Wechselschatten geeignete Partner sind Staudenkresse (Peruanische Kresse, aufrecht), Petersilie (buschig) und Kärntner Minze (hängend).

Es macht viel Freude, aus den Ernteprodukten etwas Leckeres zuzubereiten. (www.haeberli-beeren.ch)

Ebenso lassen sich Kräuter je nach Blattform und -farbe attraktiv miteinander kombinieren. Eine hübsche Kombination funktioniert auch mit Kräutern, die als Blattschmuckpflanzen mit Sommerflor zusammengesetzt werden sowie ebenfalls gemeinsam mit Gemüsepflanzen, wie buntblättrigem Mangold, blaugrau bereiftem Lauch oder rotkugelig fruchtenden Balkonkastentomaten.

Die blaugrünen Farbnuancen

Kräuter mit grünem Laub gibt es in Hülle und Fülle. Blaugraues Laub hingegen haben Lavendel, Wermut und Weinraute, bei der Eberraute ist es hellgrün-grau und hübsch filigran. Rötliche Blätter zieren einige Basilikumsorten, wie 'Dark Opal', 'Osmin', 'Purple Delight', 'Purple Ruffles', 'Rotes Lebos' und 'Rubin'. Rot bringt das Laub von Dreifarbigem Salbei (Sorte 'Tricolor'), von Purpursalbei und von rotem Gartensauerampfer.

Kräuterblüten – einfach mitessen

Interessante Optik bei Tisch verschaffen Kräuterblüten, die als hübsche, teils sogar schmackhafte Speisendekorationen dienen können. Essbare Kräuterblüten toppen Salate und Suppen gleichermaßen und dekorieren kalte Platten. Klassiker sind zum Beispiel die Blüten von Brunnenkresse, Gänseblümchen, Löffelkraut, Meerrettich, Monarde und Rauke (Rukola) wie auch die Blüten von Gartennelke, Malve, Ringelblume, Taglilie und Veilchen.

Ein Klassiker sind außerdem Dahlienblütenblätter als farbenfrohe Kleckse im gemischten Blattsalat.

Um mit Kräuterblüten zu würzen, kann man auf Beifuß, Basilikum, Bohnenkraut, Borretsch, Dill, Fenchel, Koriander, Minze, Oregano, Rosmarin, Salbei, Thymian zurückgreifen und vor allem auch Zwiebeln und Knoblauch einsetzen. Zur Dekoration und zum Würzen von Süßspeisen nehmen Sie die Blüten von Agastachen, Ananassalbei und anderen Fruchtsalbei, Lavendel, Monarda und lieblichen Veilchen. Zur Dekoration von Erfrischungsgetränken bieten sich in Eiswürfel eingefrorene Blüten von Agastachen, Borretsch, Fruchtsalbei, Lavendel und Veilchen an. Oder färben Sie Speisen, zum Beispiel mit Blüten von Ringelblume (färbt safrangelb) oder Schwarzer Stockrose (färbt tiefdunkelrot).

Mein Tipp

Würzigen Blattduft verströmen an warmen Sommerabenden Blätter von Basilikum, Minze, Oreganum, Salbei, Thymian. Zitronenthymian – spätestens dann, wenn Sie an ihnen genüsslich entlangstreichen. Sind Sie generell ein Freund der duftenden Kräuterblätter? Dann sollten Sie es mit Duftgeranien probieren. Sie sind eine Augenweide, ein Nasenkitzel und ein Gaumenschmaus in einem!

Bunte City Gärten

Das Leben mit Blumen verschönern

Pflanzen haben einen positiven Einfluss auf uns – das ist sogar wissenschaftlich belegt. Und zwar auch auf unsere Psyche. Gerade im städtischen Umfeld, wo Grün mitunter Mangelware ist, kann eine bunte Blumenvielfalt die Stimmung heben. Aus einer Vielfalt von Angeboten können Sie die für sich besten Pflanzen auswählen. Da ist sogar was für den Schatten dabei.

Die ersten Frühlingsblüher

Ob Balkon oder Dachterrasse: Der Freisitz bekommt in jeder Jahreszeit sein passendes Blütenkleid. Für den ersten Blütenauftritt – von Februar bis April – sorgen die Frühlingsprimel und ihre große Geschwistergruppe an Neuzüchtungen mit immer neuen Farbvariationen. Besondern schön zeigen sich die Blüten mit andersfarbigen Rändern und Zonierungen. Zur gleichen Zeit treten Schneeglöckchen und Krokusse aus der Gruppe der Zwiebelblumen ihren Frühdienst auf „Balkonien" an. Übrigens: Wer im Herbst das Setzen der Blumenzwiebeln in Balkonkästen oder Kübeln vergessen hat, wird nicht „bestraft", sondern kann problemlos auf bereits vorgezogene Zwiebelschönheiten zurückgreifen!

Ab in den Topf!

Bis Anfang Dezember müssen die Blumenzwiebeln in Töpfe oder Schalen gepflanzt sein. In Gefäßen dürfen die Zwiebeln dichter zusammenstehen als im Garten, sie sollen sich aber nicht berühren. Wichtig ist, dass die Wurzeln ausreichend Raum haben, um sich gut entwickeln zu können. Darum sollten die Gefäße mindestens zehn Zentimeter hoch sein. Als Substrat kann normale Blumenerde verwendet werden. Weil Zwiebeln keine Staunässe vertragen, ist es am besten, wenn die Gefäße Löcher im Boden haben, sodass überschüssiges Gießwasser gut abfließen kann. Die Löcher können mit Scherben abgedeckt werden, um ein Herausrieseln der Erde zu vermeiden.

Die Kälte macht's

Nach dem Pflanzen werden die Zwiebeln gut angegossen und in einen kühlen, aber frostfreien, dunklen Raum gestellt. Die Temperatur sollte 9 Grad nicht überschreiten. Diese niedrigen Temperaturen sind nötig, um den Zwiebeln auch im Haus den Winter vorzugaukeln.

Ideal sind zum Beispiel Kellerräume oder frostfreie Garagen. Hier stehen die Zwiebel-töpfe dann für etwa drei bis vier Monate. Damit die Erde nicht austrocknet und die Zwiebeln Wurzeln bilden können, sollten sie gelegentlich etwas gegossen werden. Wenn sich die ersten blassen Triebe zeigen, müssen die Töpfe an einen hellen, kühlen Platz in die Wohnung kommen, wo sich nach zwei bis drei Wochen die ersten Blüten öffnen. Besser stehen sie natürlich im Freien. Und bei kühlen Tem-peraturen halten sie dort mehrere Wochen.

Clever pflanzen in Etagen

Die sogenannte Sandwich- oder Lasagne-Methode ist ideal für größere Balkone und Dachgärten! Dabei werden verschiedene Blu-menzwiebelarten in großen, mindestens 7,5 bis 10-Liter-Kübeln in Etagen übereinander-gepflanzt. Auf diese Weise lässt sich sogar auf kleinen Flächen ein sehr intensiver, lang-anhaltender Blütenflor erzielen.

Die größeren Blumenzwiebeln werden dabei in die untere Schicht gelegt und mit einer Handbreit Erde abgedeckt. Darauf werden die kleineren Zwiebeln verteilt und ebenfalls mit einer etwa fünf Zentimeter dicken Erd-schicht abgedeckt.

Zuerst blühen die Kleinzwiebelblumen, wie zum Beispiel Schneeglöckchen (*Galanthus nivalis*), Winterling (*Eranthis hyemalis*), Schneestolz (*Chionodoxa luciliae*) und frühe Krokusse. Später folgen Narzissen, Trauben-hyazinthen und Tulpen. Effektvoll ist es auch, Blumenzwiebeln zu pflanzen, die gleichzeitig blühen, zum Beispiel blaue Traubenhyazinthen und die rot blühende Tulpensorte 'Fusilier'.

Sommerliches Blütenorchester

Pflanzenname	Blütenfarbe	Blütezeit
Blaues Gänseblümchen (*Brachyscome*)	Blau, rosa, violett	April bis Oktober
Elfenspiegel (*Nemesia* spec.)	Gelb- Orange- und Rottönen	Juni bis Oktober
Geranie (*Pelargonium*)	Rot, Rosa, Lila, Weiß, zweifarbig einfach oder gefüllt	Mai bis Oktober
Goldtaler (*Asteriscus maritismus*)	Gelb	April bis November
Husarenknöpfchen (*Sanvitalia procumbens*)	Gelbe Blüte mit schwarzer Mitte	Juni bis Oktober
Kapkörbchen (*Osteospermum* spec.)	Purpurviolett, Weiß mit blauer Unterseite und Blau	Juli bis Oktober
Edellieschen Neu-Guinea – Impatiens-Hybride	Viele verschiedene Rottöne	Mai bis Oktober
Mittagsgold (*Gazania*)	Gelb, Orange, Rot, Blau und Weiß	Juli bis Oktober
Studentenblume (*Tagetes*)	Blüten zeigen alle Farbtöne , auch mehrfarbig	Mai bis Oktober
Verbene (*Verbena* spec.)	Rot, Violett, Blau, Weiß	Mai bis Oktober
Zweizahn, Goldmarie (*Bidens*)	Gelb	Mai bis Oktober

Pflanzenname	Zwiebelblumen Pflanztiefe (cm)	Pflanzenabstand (cm)
Schneeglöckchen	5 bis 10 cm	8 cm
Krokus	5 bis 10 cm	5 cm
Winterling	10 cm	15 cm
Märzenbecher	10 cm	5 cm
Tulpen	12 cm	10 cm
Narzissen	15 cm	10 cm
Hyazinthen	20 cm	15 cm
Kaiserkrone	20 cm	30 cm
Milchstern	10 cm	10 cm
Blaustern	7 cm	kleine Gruppen

Wuchs	Hinweise/Pflege
Hängend, 20 cm bis 30 cm	Regelmäßig gießen, für Ampeln und gemischte Kästen geeignet
Stehend, 25 bis 50 cm	Entwickelt sich am besten ohne Nachbarn!
Aufrecht und hängend, 30 bis 35 cm	Solist und für gemischte Kästen, mag keine Staunässe!
Flacher Wuchs, 20 bis 25 cm	Vorsicht - bei nasskaltem Wetter droht Läusegefahr!
Wächst breit ausladend leicht überhängend 15 bis 20 cm	Nur geringe Düngergaben notwendig – leicht feucht halten
30 cm	Reizvolle Pflanze für Ampeln und Kästen
Aufrecht, 20 bis 50 cm	Sehr kälteempfindlich!
Flächig, 20 bis 30 cm	Optimal an Hitze und Trockenheit angepasst – mäßig feucht halten
15 bis 30 cm	Pflegeleicht – keine großen Ansprüche
Aufrecht/hängend	Bei der Pflanzung rechts und links 10 cm Platz lassen
20 bis 30 cm	Rückschnitt im Juli verhindert das Verkahlen in der Mitte

Blütenzauber auch im Schatten

Der Nordbalkon ist besser als sein Ruf und lässt sich viel bunter bepflanzen, als manch einer glaubt, denn es gibt eine ganze Reihe von Balkonblumen, die in der Hitze eines Südbalkons eingehen würden, in der frischen Kühle des Nordbalkons aber erst richtig aufblühen. Allein mit den vielen Fuchsiensorten kann so ein Balkon in unzähligen Rosa-, Pink- und Violetttönen leuchten. An Farbenpracht kaum zu überbieten sind Knollenbegonien mit ihren riesigen Blüten, aber auch die zierlicheren Fleißigen Lieschen, Männertreu, Fächerblumen gedeihen gut im lichten Schatten. Erweitern lässt sich das Schattensortiment mit Gartenstauden wie Löwenmäulchen und Topfastilben. Sie alle gibt es im Topf zu kaufen. Von einigen wurden extraniedrige Sorten gezüchtet, die genau an die Bedürfnissen der City-Gärtner angepasst sind.

Es gibt tolle Möglichkeite, eine Dachterrasse zu gestalten. (Deutscher Dachgärtner Verband)

Vom Einkaufen, Pflanzen, Pflegen und Überwintern

Balkon und Terrasse rufen im Frühjahr nach bunten Farbklecksen. Verkauft werden die ersten Balkonblumen schon Anfang April. Doch das ist einfach noch zu früh – ohne Schutz vor Spät- und Nachtfrösten geht nichts! Wer dann schon pflanzen will, sollte für kalte Nächte vorsorgen und ein Frostschutzvlies zum Abdecken der Blumen bereithalten.

• Erkunden Sie vor dem Pflanzenkauf die Lichtverhältnisse auf Ihrem Balkon. Jede Pflanze braucht den richtigen Platz: sonnig oder lieber schattiger, luftig oder windgeschützt. Viele Pflanzen fühlen sich an einem Standort wohl, an dem im Tagesverlauf Licht und Schatten wechseln. Am besten lassen Sie sich in Ihrem Gartenmarkt bei der Wahl beraten.
• Achten Sie beim Kauf auf gute Qualität: fester Wurzelballen, buschiger Wuchs, gute Verzweigung, viele Knospen. Geöffnete Blüten sind nicht so wichtig.

- Ob Kunststoff- oder Tongefäße – das ist Geschmackssache. Wichtig sind geöffnete Wasserabzugslöcher.
- Alte Gefäße vor dem Bepflanzen gründlich schrubben, neue Tontöpfe zuerst eine Stunde wässern.
- Die meisten Pflanzen sind mit sogenannter Einheitserde ganz zufrieden. Achten Sie aber auf möglichst torffreie Qualitätsprodukte.
- Beim Einpflanzen der Blumen ist das wichtigste eine gute Erde und eine Dränageschicht aus Blähton (mindestens zwei Fingerbreit hoch!) im Topf.
- Nach dem Befüllen drücken Sie dabei die Erde leicht und gleichmäßig an, sodass am Ende noch ein „Gießrand" von etwa ein bis zwei Zentimeter bleibt.
- Denken Sie beim Pflanzen daran, dass die Blumen noch wachsen und halten Sie Pflanzenabstand zwischen ihnen ein.
- Bepflanzen: Tauchen Sie den ausgetopften Wurzelballen der Balkonblume vor dem Einpflanzen für einen Moment in ein lauwarmes Wasserbad ein, als Maßnahme gegen Ballentrockenheit. Pflanzen Sie dann den Topfballen nur so tief ein, dass er etwa zwei Zentimeter mit Erde bedeckt ist.
- Gießen Sie von Anfang an regelmäßig. Gießen müssen Sie täglich, an heißen Tagen noch häufiger, an regnerischen weni-

ger. Aber nie in der Mittagshitze und nie auf die Blüten. An sehr heißen Tagen können die Blätter aber mit Wasser besprüht werden.
- Mit dem Düngen beginnen Sie erst vier Wochen nach dem Einpflanzen. Üppig blühende Blumen bekommen dann wöchentlich eine Portion Flüssigdünger ins Gießwasser, andere etwa alle zehn Tage. Blumen und Kübelpflanzen, die überwintert werden, nur bis Ende August düngen.
- Tägliches Ausputzen ist sehr wichtig. Das heißt: Verblühtes und Welkes muss ständig entfernt werden. Die Triebe werden dabei bis zum nächsten Blatt unterhalb der Blüte abgeschnitten. Dort wächst dann ein neuer Seitentrieb. Lockern Sie gelegentlich die Erde vorsichtig auf und entfernen Sie Unkraut.

(adisa/fotolia.com)   *(tsach/fotolia.com)*   *(M. Schuppich/fotolia.com)*

An einem sonnigen Platz entwickelt der Hammerstrauch schöne Blüten. (murasal/fotolia.com)

Der Enzianstrauch zählt zu den beliebtesten Kübelpflanzen. (Tran-Photography/fotolia.com)

Als tropische Pflanze braucht der Hibiskus sehr viel Sonne und Wärme. (isaravut/stockphoto.com)

Die Bleiwurz hat sehr blaue Blüten. (chang/stockphoto.com)

An schattigen Plätzen wird die Hortensienleiter zum Eyecatcher. (Elena Rostunova/stockphoto.com)

Die Blütenfarben ändern sich allmählich. (sunipix55/shutterstock.com)

Sonnensüchtige Kübelpflanzen

Bougainvillea (z. B. *Bougainvillea glabra*)
Für Sonnenbalkon und (Dachterrassen), geschützter Platz, Südwände, meist lila, rot oder orange.
TIPP: Hoher Wasser- und Nährstoffbedarf, Triebe an Spalieren aufleiten, sehr hell überwintern bei 5 bis 12 °C.

Oleander (*Nerium oleander*)
Ein Klassiker, robust, starkwachsend, blühfreudig, meist in Pastellrosa, Weiß oder Rot.
TIPP: Benötigt viel Wasser und Dünger. Verträgt leichten Frost von −3 bis −5 °C. Auslichtungsschnitt direkt nach der Blüte vornehmen.

Roseneibisch (*Hibiscus rosa-sinensis*)
Sinnbild des Südens, in brillantem Gelb, Rot oder in zartem Rosé.
TIPP: Reichlich gießen, stauende Nässe vermeiden. Braucht reichlich Nährstoffe, im Winter sehr hell und nicht unter 10 °C stellen.

Sonnenschein-Margerite (*Euryops athanasiae*)
Strahlend wie der Sonnenschein, so präsentiert sich dieser robuste Dauerblüher.
TIPP: Hoher Wasser- und Nährstoffbedarf, sehr hitzebeständig. Überwinterung bei 5 bis 10 °C.

Schönmalve (*Abutilon-Hybride*)
Außerordentlich dankbare Kübelpflanzen in leuchtend roten, rosa oder gelben Farbtönen.
TIPP: Stets reichlich mit Wasser und Dünger versorgen. Insgesamt problemlos. Im Winter hell stellen bei 10 °C.

Engelstrompete (*Brugmansia-Hybride, Datura-Hybride*)
Häufiger Sommergast auf großzügigen Dachterrassen. Bei Hitze etwas beschatten.
TIPP: Sehr wasser- und nährstoffbedürftig. An sonnigen Tagen 2x täglich gießen. Rückschnitt vor Einwinterung um etwa ein Drittel.

Wandelröschen (*Lantana-Camara-Hybride*)
Meist als Blütenstämmchen in Gelb, Orange, Rosa und Weiß anzutreffen. Enorm blühwillig.
TIPP: Sehr wasser- und nährstoffbedürftig, Verblühtes zurückschneiden, im Winter hell stellen bei 5 bis 10 °C.

Margerite (*Argyranthemum frutescens*)
Sind zwar Sonnenkinder, jedoch für eine leichte Beschattung in Hitzeperioden dankbar.
TIPP: Wasser- und nährstoffbedürftig, Staunässe vermeiden. Sommerrückschnitt fördert einen zweiten Blüteflor.

Schmucklilie (*Agapanthus praecox*)
Traditionelle Prachtstaude. Stolz erhebt sie ihre himmelblauen Blütendolden über dem Laub.
TIPP: Wasser- und nährstoffbedürftig. Bei 4 bis 8 °C kann sie dunkel überwintert werden.

Kübelpflanzen für den Halbschatten

Bleiwurz (*Plumbago auriculata*)
Entwickelt malerische, himmelblaue Blütenfontänen, sehr reichblühend, auch in Weiß.
TIPP: Hoher Wasser- und Nährstoffbedarf, windgeschützte Standorte bevorzugen.

Enzianstrauch (*Solanum rantonnetii*)
Begeistert durch einen unermüdlichen ausdauernden Blütenflor. Ein echter „Leckerbissen".
TIPP: Ausgesprochen wasser- und nährstoffbedürftig. Bei 5 bis 10 °C überwintern. Vorher zurückschneiden.

Fuchsie (*Fuchsia-Hybride*)
Unentbehrlich für weniger besonnte Plätze. Umfangreiches Farben- und Formenspiel der Blüten.
TIPP: Stellt gleichmäßige Ansprüche an Wasser und Dünger. Im Winterquartier kühl stellen bei 6 bis 8 °C.

Nutztiere

Wie viel Natur auf dem Balkon geht?

halten – lohnt sich das?

Wo der Garten ist, sind die Nutztiere nicht weit: Bauerngarten und Hühnerfang, Klostergarten und Entenweiher, Streuobstwiese und Bienenstock. Und im Hausgarten, zumal dem City Garten ohne Gartenfläche? Was geht da alles? Und was nicht?

Nutztierhaltung auf dem Balkon?

Am Anfang steht die Überlegung, welchen Zweck eine Nutztierhaltung auf kleiner Fläche erfüllen soll. Ist es die reine Freude am Tier, die da im Vordergrund steht? Erwarten Sie für den getriebenen Aufwand einen Nutzen vom Tier, also Eier, Honig, Sonntagsbraten? Oder ist es eine Kombination beider Aspekte? Verglichen mit dem erwirtschafteten Ertrag, wird die Nutztierhaltung in der Gesamtkostenrechnung im Gros der Fälle wohl schlecht abschneiden. Außer möglicherweise bei der Bienenhaltung mit dem Ziel, den Eigenbedarf an Honig herauszubekommen.
Betriebswirtschaftlich fallen Aufwand und Kosten dann nicht so sehr ins Gewicht, wenn die Freude an den Tieren kalkulatorisch miterfasst wird.
Um den gewünschten Tieren jeweils gerecht zu werden, müssen sie sich vor allem und zunächst mit den Charakteristika zum Beispiel einzelner Hühner- und Kaninchenrassen aus-

einandersetzen. Denn nicht allein deren optisches Erscheinungsbild zählt, sondern auch deren Wesen: Es gibt ruhigere und unruhigere Rassen, bewegungsfreudigere und weniger agile, bei Hühnern wie auch Kaninchen. „Einfach nur ein Tier" halten – spätestens bei großen agilen Rassen auf kleiner Fläche, tun Sie sich und dem Tier keinen Gefallen damit.
Und denken Sie vor allem auch gut darüber nach, ob Sie für Tiere täglich da sein können. Pflege und Betreuung sind ein wichtiger Aspekt.

Das müssen Sie beachten: Was ist erlaubt?

Grundsätzlich steht es jedem Menschen hierzulande frei, Nutztiere zu halten, solange das art- und tierschutzgerecht passiert. Das bedeutet, dass der tierschutzrechtlich vorgeschriebene Platzbedarf für die Tiere nicht unterschritten werden darf und sie hygienisch einwandfrei gehalten werden.

Gesetzliche Regelungen

Verwahrlosen die Tiere, kann jedermann Sie anzeigen und so den Amtsveterinär der Kreisbehörde veranlassen, den Ihnen vorgeworfenen Tierhaltungsmängeln auf den Grund zu gehen. Bei mittleren Mängeln wird man binnen einer Frist dazu aufgefordert, diese zu beseitigen. Bei schweren und schwersten Mängeln können die Tiere amtlicherseits entzogen und anderweitig in pflegende Obhut gegeben werden. Hier reichen die Sanktionen bis zum Tierhaltungsverbot.

Im urbanen Bereich gelten des Weiteren auch solche Einschränkungen für die Nutztierhaltung, die das Zusammenleben der Menschen in Dorf und Stadt regeln. Weil Kleintierställe auf Terrassen, Balkonen und Dachgärten üblicherweise ohne Fundament aufgestellt sind, sollten Sie unbedingt auf sturmfeste Ausführungen achten!

Hasen sollten immer mindestens zu zweit sein, sonst fühlen sie sich einsam. (GP/fotolia.com)

Nachbarschaftsstreit verhindern

Näheres regeln kommunale Satzungen, die bei der Kommunalbehörde erfragt werden können. Der krähende Hahn, der muffelnde Mist, die in erhöhter Anzahl umherfliegenden Bienen – nicht jeder Nachbar ist da tolerant oder tierbegeistert.

Schauen Sie, sofern Sie Mieter oder Miteigentümer einer Eigentumswohnungsanlage sind, immer auch auf die im Mietvertrag aufgenommenen einschlägigen Vereinbarungen beziehungsweise diejenigen Vorgaben der Eigentümerversammlung.

Wo kein Kläger, da kein Richter. Und gerade die (Nutz-)Tierhaltung kann im urbanen Raum leicht der freudige Anlass von Menschen sein, sich näher kennenzulernen und sich nachbarschaftlich gemeinsam an den Tieren zu erfreuen. Kommt es aber zu Beeinträchtigungen von Menschen durch die Tierhaltung, ziehen Sie im Zweifelsfall den Kürzeren. Stellen Sie Ihrer Lebensplanung als ein künftiger urbaner Kleinbauer also immer erst die rahmenrechtliche Klärung als Ihren ersten Schritt voran!

Den Tieren gerecht werden

Als Beispiel für die Regelungen in Bezug auf den Platzbedarf sei die Hühnerhaltung genannt: Hühner benötigen ein dicht schließendes Hühnerhaus für die Nachtunterbringung und ein Freilaufgehege. Auf einen Quadratmeter Platz im Hühnerhaus rechnet man vier Hühner.

Ist der Stall mit einem umzäunten Auslauf als Freilaufgehege ausgestattet, benötigt ein Huhn darin mindestens zehn Quadratmeter Platz. Diese Platzangaben beziehen sich auf Hühner der Größenkategorie Legerassen, wie Altsteirer, Brakel, Sulmtaler, Friesen, Leghorn,

Welsumer und Wyandotten. Die großen Fleischrassen brauchen etwa ein Drittel mehr Platz, Zwerghühner etwa ein Drittel weniger. Geringer ist der Platzbedarf in der Wachtelhaltung. Noch geringer ist er nur bei der Bienenhaltung, bezogen auf ein Volk.

Die Sache mit dem Auslauf

Auf abgeschlossener beziehungsweise abgesicherter Fläche könnten Sie die Tiere frei laufen lassen, dann aber drohen möglicherweise Fraßschäden, dazu Verunreinigungen durch Ausscheidungen der Tiere und nicht zuletzt die Gefahr durch Katzen oder Wildtiere, die zu den Nutztieren vordringen können. Bei der Haltung von Bienen gilt sicherzustellen, dass durch die Honigsammler keine Nachbarn beeinträchtigt werden.

Versorgung und Entsorgung

Bedenken Sie speziell bei City Gärten auf Dächern und Balkonen vorab, dass Sie alle Versorgungen wie Einstreu, Futter, Wasser sowie in Gegenrichtung Mist und andere Abfälle hin und her transportieren müssen. Im Laufe eines Jahres fallen erhebliche Mengen solcher Abfälle an, für die eine Entsorgungsmöglichkeit bereitstehen muss. Sie zu kompostieren ist eine zunächst naheliegende Idee, zumal Mist und Kompost nicht um-

sonst als „Gärtnergold" bezeichnet werden. Allerdings müssen tierische Abfälle immer heiß verrottet werden. Selbst in einem Thermokomposter ist aber nicht sicher gestellt, dass die Verrottung darin sich derart heiß und lange erhitzt, dass Keime, wie Salmonellen, definitiv vernichtet sind.

Dann kann es womöglich vorkommen, dass nicht hygienisch verrotteter Kompost an Gemüse gerät, das roh genascht wird: Gurken und Erdbeerfrüchte liegen leicht einmal der Erde auf, Wasserspritzer von Regen oder Gießbrause lassen Keime an die Blätter von Gartenkräutern und Salatpflanzen gelangen. Deshalb sollten Kleintierkot nicht selbst kompostiert, sondern über den Biomüll entsorgt werden. Nicht vergessen: Geflügel mausert sich. In dieser Zeit müssen Sie mit optischer Beeinträchtigung des Gehegeumfeldes durch umher gewehte Federn rechnen.

(Fotoimpressionen/fotolia.com)   *(neko92vl/fotolia.com)*   *(chelle129/fotolia.com)*

Viele Fragen klären

Wer versorgt die Tiere in Zeiten der Abwesenheit? Urlaub, langes Wochenende – fürs Blumengießen finden Sie möglicherweise eher jemanden als für die Tierpflege. Die verlangt nämlich nicht nur Bereitschaft, Verfügbarkeit und womöglich Allergiefreiheit, sondern auch gewisse Grundkenntnisse sowie Einfühlungsvermögen für die zu pflegenden Tiere.

Hühnerhaltung bedeutet auch Arbeit und Zeit. Der Lohn: absolut frische Eier.. (juefraphoto/fotolia.com)

Sofern Sie die Nutztiere auch während der dunklen Jahreszeit weiterpflegen, muss die Futterbeschaffung geklärt werden. Hühner und Wachteln können weiterhin mit Körnerfutter versorgt werden, Bienen sind dann in der Winterruhe und Kaninchen versorgt man jetzt mit Pellets als Alleinfutter. Für die Raufutterfresser ist allerdings auch qualitativ hochwertiges Heufutter ein tierpflegerisches Muss. Ist das für Sie auch im Winter leicht zu besorgen?
Stellen Sie sich auch die Frage, ob die Unterbringungsmöglichkeiten für Ihre Tiere artgerecht wintertauglich sind (Kaltluftströme).

Die Tiergesundheit

Bienen müssen Sie standardmäßig gegen Varroa-Milben behandeln, Hühner gegen Federmilben, Kaninchen auf Ohrmilben kontrollieren und ihnen auch die Krallen schneiden. Schon diese kleinen Eingriffe und das Angehen gegen Parasiten an Tieren zeigen auf, dass Sie für die Gesundheit der Tiere Sorge tragen müssen. Krankheiten können von der kleinen Verletzung bis zur bestandsgefährdenden Seuche reichen, folglich mit wenigen Handgriffen, ebenso gut mit hohem finanziellen Aufwand für Veterinär und Medikamente einhergehen. Krankheiten und ihre Kosten sind immer Kann-Faktoren: Sie treten nicht zwingend ein, müssen von Ihnen aber einkalkuliert werden.
Es ist nicht unnatürlich, von Nutztieren auch ihre Schlachtkörper zu verwenden. Das dann nach Monaten des Miteinanders mit dem Tier auch tatsächlich zu tun, ist aber nicht jedermanns Sache, weswegen Sie hierzu am besten schon bei Anschaffung der Tiere eine klare Haltung haben sollten. Sollten Sie sich für die Option Schlachtung entscheiden, müssen Sie dazu in der Lage sein, das Tier tierschutzgerecht betäuben und tö-

ten sowie es sachgerecht für die Küchenverwertung aufbereiten zu können.

Hühner halten

Hühner zu halten ist in Deutschland meldepflichtig, die Anmeldung erfolgt bei der Tierseuchenkasse des jeweiligen Bundeslandes. Für die Hühnerhaltung im Rahmen des City Gardenings ist es am einfachsten, Zwerghühner beziehungsweise kleine Rassen zu halten. Sofern Sie nicht Hühner züchten wollen, können Sie die Hennen ohne Hahn halten – der andererseits aber für das Gruppengefüge der Hennen eine wichtige Ordnungsfunktion hat (verhindert „Hennenpicken"). Hühner erhalten Sie bei regionalen Geflügelzüchtervereinen und auf Kleintier- beziehungsweise Geflügelbörsen. Küken von Börsen sind üblicherweise gegen Geflügelpest geimpft, was hierzulande Pflicht ist. Checken Sie das beim Kükenkauf und holen Sie die Impfung der Tiere erforderlichenfalls nach.

Einen sicheren Hühnerschlag können Sie mit etwas handwerklicher Begabung selbst bauen, einfacher ist es, ein Fertiggehege samt Inneneinrichtung, wie Sitzstangen und Legeboxen, zu erstehen. Der Freilaufanteil im Freigehege, in dem sich die Tiere tagsüber aufhalten, bietet ihnen Platz zum Scharren und Sandbaden.

Als Einstreu dienen Stohhäcksel oder Hobelspäne. Neben täglich frischem Trinkwasser, sind für die Fütterung der Hühner Fertigmischungen aus Getreide, Getreideschrot und Grit empfohlen.

Als Grit bezeichnet man kleine scharfkantige Steinchen oder Muschelschalenbruch, das die Tiere in ihren Kropf mit aufnehmen und das dort der mechanischen Zerkleinerung des anverdauten Futters dient. Hühner lieben zudem Grünfutter, weswegen sie auch Gartenabfälle und manches Unkraut verfüttert bekommen können. Auch die im City-Garten abgesammelten Schnecken sind bei Hühnern gut aufgehoben!

(alain wacquier/fotolia.com)   (focus finder/fotolia.com)   (Jolanta Beinarovica/shutterstock. com)

Die Legeleistung von Hühnern hängt außer von der Ernährung auch von der jahreszeitlich bedingten Tageslänge ab: In der hellen Zeit sind sie legeeifriger. Lassen Sie zum Hühnerstall also ein für den Außenbereich taugliches 230-Volt-Stromkabel legen, um eine stromsparende LED-Beleuchtung anbringen zu können. Diese benötigen Sie zur Versorgung der Tiere zu noch oder schon dunkler Tageszeit im Winterhalbjahr. Und sie können, wenn Sie die Eierproduktion in dieser Zeit fördern wollen, die Tageslänge für die Tiere mithilfe von Kunstlicht auf etwa zwölf Stunden ausweiten.

Kaninchen halten

Kaninchen sind weitaus vielseitiger in Größe, Aussehen und Verhalten, als es die Minis aus dem Zoofachhandel vermuten lassen. Regt sich also bei Ihnen die Lust auf das Hobby Kaninchenhaltung, nehmen Sie am besten Kontakt zu regionalen Kaninchenzuchtvereinen auf und besuchen die meist zwischen Herbst und Jahresende stattfindenden Rasseschauen.

Je nach Kaninchenrasse und deren Größe ist dann auch die Stallgröße anzusetzen. Dazu gibt es im Einzelnen Empfehlungen der einschlägigen Züchterverbände.

Kaninchen lassen sich mit Grünfutter von der Wiese, aber auch mit allerlei Grünresten

Mit den Tieren lernen Kinder, Verantwortung zu übernehmen für ein Lebewesen. (E. Kötter)

aus Garten und Küche füttern. Zusätzlich ist täglich frisches Heu erforderlich, denn Kaninchen sind Raufutterfresser. Recht einfach ist die Fütterung mit Pellets, die am wirtschaftlichsten sackweise im Landhandel gekauft werden. Aber auch im Gartencenter und im Zoofachhandel gibt es eine Auswahl an Kaninchenfutter. Um das Futter zu strecken, kann man 20 Prozent Sommergerste zugeben. Speziell bei solcherlei Trockenfütterung, braucht jedes Tier täglich bis zu einem halben Liter Trinkwasser aus der Nippeltränke. Weil Kaninchen ein Temperaturoptimum zwischen etwa 5 bis 15 °C haben, sollte der Stall etwas geschützt stehen und abseits von der prallen Sonne. Einstreu-Klassiker ist Stroh. Je nach Rasse, sind die Jungtiere nach etwa fünf bis sieben Monaten ausgewachsen und schlachtreif.

Bienen halten

Bienen sind unkomplizierter, als manche Menschen denken. In der strukturreichen Stadt lassen sie sich mitunter sogar leichter als in Gegenden mit „aufgeräumter" Kulturlandschaft halten. Nach Anleitung eines Imkers beziehungsweise nach einem besuchten Imkerlehrgang, können Sie Bienen auf größeren Dachgärten in der Stadt durchaus halten. Dazu ein kompakter Überblick über das, was Sie als Bienenbegleiter rund ums Bienenjahr arbeitstechnisch in etwa erwartet:
Mit Beginn der Weidenblüte im März schwärmen bei schönem Wetter bereits erste Bienen zur Nahrungssuche aus. Mit Beginn der Frühjahrstracht, also der Kirschblüte und später der Apfelblüte, starten die Bienen ihr Brutgeschäft. Sie begleiten jetzt das Volk durch Kontrollen und Bereitstellung von ausreichend vorbereiteten Waben bis weit in

den Mai hinein. Anfang Juni ist die Zeit der ersten Honigernte gekommen. Zudem ist das Bienenvolk jetzt zu einer solchen Stärke herangewachsen, dass es möglicherweise samt Königin aus dem Bienenstock ausschwärmt und sich einen neuen Nistplatz sucht. Welche Maßnahmen das verhindern, lernt man im Imker-Einsteigerkurs. Diese Wochen sind auch dazu angetan, von einem Bienenvolk Ableger zu gewinnen und so ein weiteres Volk zu bilden. Ende Juni erfolgt die zweite Honigernte, die sogenannte Schleuderung und Ende Juli, nach der Sommertracht, also der Brombeer- und Lindenblüte, die letzte Ernte.

Vorbereitung auf den Winter

Ab August ist an den Bienen abzulesen, wie sie sich auf den Winter vorzubereiten beginnen: Alle für sie unnützen Fresser, speziell die Drohnen, werden jetzt aus dem Volk verbannt. Im August/September erfolgt eine Behandlung gegen die Varroa-Milbe.Ende September bereits verabschiedet sich das Bienenvolk in seine Winterruhe. Als Nahrung in dieser Zeit erhalten die Tiere als Ausgleich für die Honigentnahmen eine Zuckerlösung. Die Arbeiten am Bienenstock reduzieren sich im Winterhalbjahr im Wesentlichen auf gelegentliche Kontrollen.

Mein Tipp

Relativ einfach können Bienen in einem Oberträger-Bienenkasten, auch Top-Bar-Hive genannt, gehalten werden, der nicht nur optisch gut ins Konzept des City-Gardenings passt, sondern den Sie auch ganz unkompliziert am urbanen Gartenrand aufstellen können.

Bezugsquellen Obst- und Beerenpflanzen ARCADIA® von HÄBERLI®

Schweiz

Kanton	PLZ	Ort	Name/Firma
AG	5405	Baden-Dättwil	Toni Suter Blumen und Pflanzencenter
AG	5430	Wettingen	Lägere Pflanzen AG
BE	3436	Zollbrück	Jakob AG Gartencenter
GL	8866	Ziegelbrücke	Gartencenter H. Grünenfelder AG
LU	6034	Inwil	Gärtnerei Schwitter AG
NW	6370	Stans	Gebr. Kuster AG Gartencenter
SG	9500	Wil	Rutishauser AG Gartencenter + Floristik
TG	8593	Kesswil	Roth Pflanzen AG
TG	9315	Neukirch-Egnach	Häberli Zentrum
ZH	8117	Fällanden	Rutishauser AG Gartencenter
ZH	8135	Langnau am Albis	Bacher Outdoor Living Garten-Center
ZH	8635	Dürnten	Ernst Meier AG
ZH	8906	Bonstetten	Gartencenter Guggenbühl
ZH	8932	Mettmenstetten	Schönenberger Söhne AG

Deutschland

	PLZ	Ort	Name/Firma
Baden-Württemberg	71229	Leonberg	Gartencenter Kriesten
	75177	Pforzheim-Nord	Gartencenter Streb GmbH
	78479	Insel Reichenau	Böhler Gemüse und Pflanzen
	79364	Malterdingen	Pflanzencenter Keller GbR
	88287	Grünkraut bei Ravensburg	Garten-Center Fleischer
Bayern	84529	Tittmoning	Kreuzer Pflanzen GmbH & Co. KG Baumschulen und Galabau
	86343	Königsbrunn	Herbert Wörner Gartenbau Betriebs GmbH & Co. KG
	86356	Neusäss-Vogelsang	Herbert Wörner Gartenbau Betriebs GmbH & Co. KG
	88138	Hergensweiler	Wilhelm Gärtnerei
Hessen	63110	Rodgau	Pflanzenzentrum Fischer
Nordrhein-Westfalen	40822	Mettmann	Schley's Blumenparadies
	41238	Mönchengladbach	Lenders Gartencenter
	50829	Köln-Vogelsang	Dingers Garten-Center Köln GmbH & Co. KG
	53340	Meckenheim	Wilhelm Ley GmbH Garten - Center Sängerhof

Österreich

	PLZ	Ort	Name/Firma
Niederösterreich	2231	Strasshof a. d. Nordbahn	Der Holländer
Salzburg	5072	Siezenheim	Blumenland Brugger GmbH
	5202	Neumarkt	Die Blumen und Gartenwelt Trapp GmbH
Vorarlberg	6870	Bezau	Adeg Markt Berlinger KG

raße/Website	Tel.-Nr.
ww.tonisuter.ch	056 493 54 00
chartenstraße 149	056 427 34 35
ww.jakob-markt.ch	034 496 31 39
ww.garten-gruenenfelder.ch	055 617 26 26
ww.schwitter.ch	041 455 58 00
ww.blumenkuster.ch	041 619 20 80
ürstenlandstraße 20	071 911 88 44
ww.rothpflanzen.ch	071 466 76 20
ww.haeberli-beeren.ch	071 474 70 87
übendorferstraße	044 806 50 45
oinnereistraße 3	044 714 70 70
reuzstraße 2	055 251 71 71
m Lochenweiher	044 701 80 40
ww.gartenbau-schoenenberger.ch	044 767 09 60

raße/Website	Tel.-Nr.
n Mahdental 6	07152 - 928 01 28
ieselbronner Strasse 43	07231 - 95 66 0
ww.gemuese-boehler.de	07534 - 75 34
ww.pflanzen-keller.de	07644 - 92 69 820
ebenhofen 102	0751 - 769 100
chmerbach 1	08683 - 89 89 0
andsbergerstrasse 141	08231 - 88 983
iburgerstrasse 39 (an der B 300)	0821 - 20 75 80
aumgarten 2	08388 - 229
lumenau 2	06106 - 210 10
üsseldorferstrasse 252	0 21 04 – 13 955
ereonstrasse 80	0 21 66 9 83 03-0
oldammerweg 361	0221 - 95 84 730
ängerhof	0 22 25 - 99 310

raße/Website	Tel.-Nr.
auptstraße 454	02287 2438
ayernstraße 4	0662 852913
Vertheim 50	06216 4900
llenbogen 607	05514 4141

Register

(www.plus.dk)

Gewächshauszubehör und gartenprodukte
Biogreen
Internetadresse: www.biogreen.com

Obst
häberli
Internetadresse: www.haeberli-beeren.ch

Gemüse
Volmary GmbH
Internetadresse: www.volmary.com

Bewässerunssysteme
Gardena
Internetadresse: www.gardena.com

Gartenmöbel und –zubehör / Design
für den Garten
PLUS A/S
Internetadresse: www.de.plus.dk

Elho
Internetadresse: www.elho.com

EMSA und Esteras by EMSA
www.emsa.com

Gartenwerkzeug und –zubehör
BG British Garden
Internetadresse: www.britshgarden.at

Hochbeete
Hortico Das Hochbeet
Internetadresse: www.hortico.de

Keramikgefäße
Hentschke GmbH Keramik
Internetadresse: www.hentschke-keramik.de

Kräuter
Blu-Blumen
Internetadresse: www-blu-blumen.de

Gabionen, Kräuterspiralen und mehr
bellissa-HAAS GmbH
Internetadresse: www.bellissa.de

Regentonnen und Regenwassernutzung
Otto Graf GmbH
Internetadresse: www.graf-online.de

bellaflora Gartencenter GmbH
www.bellaflora.at

Impressum

Für die Richtigkeit der Angaben wird trotz sorgfältiger Recherche keine Haftung übernommen.

Copyright © 2014 by Cadmos Verlag, Schwarzenbek
Gestaltung und Satz: Atelier Lehmacher, Friedberg
Titelfotos:
Cadmos Ausgabe: iStockphoto (großes Foto), Fotolia (kleine Fotos)
Häberli Ausgabe: iStockphoto (großes Foto), Fotolia (obere kleine Fotos), Häberli (unteres, kleines Foto)
BioGreen Ausgabe: Fotos von BioGreen
Kleine Vignetten: PantherMedia.net
Lektorat: Christine Weidenweber
Druck: Westermann Druck, Zwickau
Alle Rechte vorbehalten.

Die Deutsche Nationalbibliothek verzeichnet diese Publikation in der Deutschen Nationalbibliografie; detaillierte bibliografische Daten sind im Internet über http://dnb.ddb.de abrufbar.
Das Werk ist einschließlich aller seiner Teile urheberrechtlich geschützt. Jede Verwertung außerhalb der engen Grenzen des Urheberrechtsgesetzes ist ohne Zustimmung des Verlages unzulässig und strafbar. Das gilt insbesondere für Vervielfältigungen, Übersetzungen, Mikroverfilmungen und die Einspeicherung und Verarbeitung in elektronischen Systemen.

Printed in Germany

ISBN: 978-3-8404-7527-6 [Cadmos Ausgabe]
ISBN: 978-3-8404-7532-0 [Haberli Ausgabe]
ISBN: 978-3-8404-7533-7 [BioGreen Ausgabe]